Konfliktmanagement
Leadership-Modul für Führungsfachleute

Gerhard Meyer und Rita-Maria Züger

4., überarbeitete Auflage 2017

Konfliktmanagement
Leadership-Modul für Führungsfachleute
Gerhard Meyer und Rita-Maria Züger

Grafisches Konzept und Realisation, Korrektorat: Mediengestaltung, Compendio Bildungsmedien AG, Zürich
Illustrationen: Oliver Lüde, Winterthur
Druck: Edubook AG, Merenschwand
Coverbild: © Daryl Solomon/gettyimages

Redaktion und didaktische Bearbeitung: Rita-Maria Züger

Artikelnummer: 14773	Artikelnummer E-Book: E-15403
ISBN: 978-3-7155-7450-9	ISBN E-Book: 978-3-7155-7668-8
Auflage: 4., überarbeitete Auflage 2017	Code E-Book: SVFE 011
Ausgabe: K1018	
Sprache: DE	
Code: SVF 011	

Alle Rechte, insbesondere die Übersetzung in fremde Sprachen, vorbehalten. Der Inhalt des vorliegenden Buchs ist nach dem Urheberrechtsgesetz eine geistige Schöpfung und damit geschützt.

Die Nutzung des Inhalts für den Unterricht ist nach Gesetz an strenge Regeln gebunden. Aus veröffentlichten Lehrmitteln dürfen bloss Ausschnitte, nicht aber ganze Kapitel oder gar das ganze Buch fotokopiert, digital gespeichert in internen Netzwerken der Schule für den Unterricht in der Klasse als Information und Dokumentation verwendet werden. Die Weitergabe von Ausschnitten an Dritte ausserhalb dieses Kreises ist untersagt, verletzt Rechte der Urheber und Urheberinnen sowie des Verlags und wird geahndet.

Die ganze oder teilweise Weitergabe des Works ausserhalb des Unterrichts in fotokopierter, digital gespeicherter oder anderer Form ohne schriftliche Einwilligung von Compendio Bildungsmedien AG ist untersagt.

Copyright © 2005, Compendio Bildungsmedien AG, Zürich

Die Printausgabe dieses Buchs ist klimaneutral in der Schweiz gedruckt worden. Die Druckerei Edubook AG hat sich einer Klimaprüfung unterzogen, die primär die Vermeidung und Reduzierung des CO_2-Ausstosses verfolgt. Verbleibende Emissionen kompensiert das Unternehmen durch den Erwerb von CO_2-Zertifikaten eines Schweizer Klimaschutzprojekts.

Mehr zum Umweltbekenntnis von Compendio Bildungsmedien finden Sie unter: www.compendio.ch/Umwelt

Inhaltsverzeichnis

		Zur Reihe «Management / Leadership für Führungsfachleute»	5
		Vorwort	6
Teil A		**Konflikte erkennen und verstehen**	7
		Einstieg	8
	1	**Konflikte erkennen**	9
	1.1	Merkmale eines Konflikts	9
	1.2	Konfliktpotenziale und Konfliktanzeichen in Organisationen	12
	1.3	Konfliktarten	13
	1.4	Welchen Sinn haben Konflikte?	20
		Zusammenfassung	22
		Repetitionsfragen	23
		Praxisaufgaben	23
	2	**Konflikte austragen**	24
	2.1	Konfliktbegleitende Gefühle	24
	2.2	Heisse und kalte Konflikte	25
	2.3	Konfliktverhaltensmuster	27
	2.4	Konfliktstrategien	27
	2.5	Individueller Konfliktstil	27
		Zusammenfassung	30
		Repetitionsfragen	31
		Praxisaufgaben	32
	3	**Eskalation eines Konflikts**	34
	3.1	Drei Hauptphasen	34
	3.2	Neun Eskalationsstufen	35
		Zusammenfassung	40
		Repetitionsfragen	40
	4	**Mobbing**	42
	4.1	Merkmale von Mobbing	42
	4.2	Mobbinghandlungen	43
	4.3	Eskalationsphasen beim Mobbing	45
	4.4	Präventions- und Interventionsmassnahmen	47
		Zusammenfassung	48
		Repetitionsfragen	48
Teil B		**Konflikte bewältigen und verarbeiten**	51
		Einstieg	52
	5	**Konflikte analysieren**	53
	5.1	Unterschiedliche Sichtweisen in Konflikten	53
	5.2	Selbstanalyse	54
		Zusammenfassung	56
		Repetitionsfragen	57
		Praxisaufgaben	58
	6	**Konflikte bearbeiten**	59
	6.1	Erfolgreiches Konfliktmanagement	59
	6.2	Konstruktive Lösungen dank dem Harvard-Konzept	59
	6.3	Wege zur Konfliktlösung	62
	6.4	Gewaltfreie Kommunikation	62
	6.5	Moderationsrollen bei Konfliktlösungen	64
		Zusammenfassung	68
		Repetitionsfragen	69
		Praxisaufgaben	70

7	**Konfliktgespräche führen**	**71**
7.1	Voraussetzungen klären	71
7.2	Gesprächsvorbereitung	72
7.3	Aufbau eines Konfliktgesprächs	73
7.4	Leitfaden für das Konfliktgespräch	78
7.5	Moderation eines Konfliktgesprächs	78
	Zusammenfassung	81
	Repetitionsfragen	82
	Praxisaufgaben	83
8	**Konflikte verarbeiten**	**84**
8.1	Reflexion des Konflikts	85
8.2	Reflexion der persönlichen Konfliktfähigkeit	85
8.3	Konfliktkultur entwickeln	86
	Zusammenfassung	88
	Repetitionsfragen	89
	Praxisaufgaben	89

Teil C Anhang 91

Antworten zu den Repetitionsfragen 92

Stichwortverzeichnis 96

Zur Reihe
«Management / Leadership für Führungsfachleute»

Diese Reihe ist einem ganzheitlichen Führungsverständnis verpflichtet und umfasst die beiden Kompetenzfelder «Management» und «Leadership»:

- **Management:** Die Führungsperson übernimmt eine Lenkungs- und Steuerungsaufgabe im Rahmen des Führungsprozesses, wofür sie nützliche Führungsinstrumente und -methoden professionell einsetzt.
- **Leadership:** Die Führungsperson übernimmt eine Gestaltungs- und Entwicklungsaufgabe für die zwischenmenschlichen Beziehungen und für die Teamkultur in ihrem Wirkungskreis aufgrund einer bewussten Wahrnehmung der eigenen Person, des Gegenübers und der sachlichen Gegebenheiten.

Die Reihe besteht aus zwölf Lehrmitteln und orientiert sich an den ab 2013 gültigen Lernzielen und Inhalten der Modulbeschreibungen der Schweizerischen Vereinigung für Führungsausbildung (SVF).

Die Lehrmittel richten sich an alle Personen, die sich in den Bereichen Management und Leadership weiterbilden wollen, unabhängig davon, ob sie einen Modulabschluss oder den Fachausweis «Führungsfachfrau / Führungsfachmann» erreichen möchten.

Die Titel der Reihe heissen:

Management für Führungsfachleute	Leadership für Führungsfachleute
Betriebswirtschaft I	Selbstkenntnis
Betriebswirtschaft II	Selbstmanagement
Rechnungswesen	Teamführung
Personalmanagement	Kommunikation und Präsentation
Prozessmanagement	Schriftliche Kommunikation
Projektmanagement	Konfliktmanagement

Alle Lehrmittel dieser Reihe folgen dem bewährten didaktischen Konzept von Compendio Bildungsmedien:

- Klar strukturierte, gut verständliche Texte mit zahlreichen grafischen Darstellungen erleichtern die Wissensaufnahme.
- Beispiele schaffen Verständnis und gewährleisten den Praxisbezug.
- Zusammenfassungen und Repetitionsfragen mit Antworten dienen der Repetition und ermöglichen die Selbstkontrolle der Lernfortschritte. In den Leadership-Modulen gibt es ausserdem Praxisaufgaben für den Lerntransfer.

Zürich, im Sommer 2013

Rita-Maria Züger, Projektleitung

Vorwort

Dieses Lehrmittel behandelt grundlegende Fragen und Zusammenhänge des modernen Konfliktmanagements. Es soll Sie darin unterstützen, Ihre praktischen Erfahrungen mit theoretischem Wissen zu verbinden und nützliche Erkenntnisse für Ihre berufliche Tätigkeit zu gewinnen.

Inhalt und Aufbau dieses Lehrmittels

Das vorliegende Lehrmittel gliedert sich in drei Teile:

- **Teil A** behandelt das Erkennen und Verstehen von Konflikten und von Mobbing. Theoretische Ausführungen zu den Konfliktarten, Konfliktstilen und dem Eskalationsverlauf werden mit Beispielen aus dem Berufsalltag ergänzt.
- **Teil B** geht auf die Konfliktbewältigung und -verarbeitung ein. Die Konfliktanalyse bildet den Ausgangspunkt für das Konfliktgespräch, wenn die Beteiligten den Konflikt selbst lösen können, oder für den Beizug einer Drittperson zur Konfliktmoderation, Prozessbegleitung oder Entscheidung von aussen. Die Konfliktverarbeitung schliesst an die Konfliktlösung an.
- **Teil C** enthält den Anhang mit den kommentierten Antworten zu den Repetitionsfragen und einem Stichwortverzeichnis.

Zur aktuellen Auflage

Diese Ausgabe wurde gegenüber der letzten Ausgabe sprachlich überarbeitet. Wir haben uns besonders bemüht, den Lerntext besser verständlich zu schreiben, Fachbegriffe zu erklären und die Fragen und Praxisaufgaben klarer zu formulieren.

Auf vielseitigen Wunsch stellen wir in Kap. 3.2 und 6.5 die Grafik zu den neun Eskalationsstufen nach Friedrich Glasl wieder in der ursprünglichen «Treppenform» dar.

In eigener Sache

Die vorliegende Version basiert auf dem Titel «Konfliktbewältigung im Team – Leadership-Basiskompetenz», der 2005 erstmals erschien. Dessen Autorin Carola Bohren Meyer verstarb Ende 2007. Wir bedanken uns an dieser Stelle von Herzen für diese gute und bewährte Vorlage, die wir nun weiterentwickeln durften.

Haben Sie Fragen oder Anregungen zu diesem Lehrmittel? Sind Ihnen Tipp- oder Druckfehler aufgefallen? Über unsere E-Mail-Adresse postfach@compendio.ch können Sie uns diese gerne mitteilen.

Wir wünschen Ihnen viel Spass und Erfolg beim Studium dieses Lehrmittels!

Zürich, im Juli 2017

Gerhard Meyer, Autor
Rita-Maria Züger, Co-Autorin und Redaktorin

Teil A
Konflikte erkennen und verstehen

Einstieg

Wahrscheinlich haben Sie in Ihrem Berufsleben schon einige kleinere oder grössere Konflikte ausgetragen oder in solchen Fällen zwischen den Parteien vermitteln müssen. Das Zusammenleben und -arbeiten sorgt für einiges Konfliktpotenzial. Niemand ist makellos. Jeder hat etwas an sich, was einen anderen stören könnte, dafür sind unsere Auffassungen, Ziele und Werte zu unterschiedlich. Nicht selten führen aber auch scheinbare Nebensächlichkeiten, wie das Aussehen, bestimmte Angewohnheiten oder Verhaltensweisen, zu einem handfesten Konflikt.

Konflikte wird es immer geben. Da man aber nicht die Illusionen von Frieden und Harmonie zerstören möchte, werden Konflikte sowohl im privaten als auch im geschäftlichen Umfeld häufig verdrängt. Gerade deshalb spitzen sie sich oft übermässig zu.

Im ersten Teil dieses Lehrmittels möchten wir Sie unterstützen, diesen Regelkreis zu durchbrechen. Ein erster Schritt besteht darin, Konflikte besser zu verstehen. Sie lernen, die Anzeichen für einen Konflikt bewusst wahrzunehmen und die Dynamik frühzeitig zu erkennen, die ein Konflikt entwickeln kann. Damit schaffen Sie eine entscheidende Grundlage, rechtzeitig und aufbauend in das Konfliktgeschehen einzugreifen.

- Im **Kapitel 1** befassen Sie sich mit den typischen Merkmalen eines Konflikts, mit Konfliktpotenzialen in Organisationen, mit Konfliktarten und mit dem Sinn von Konflikten.
- Im **Kapitel 2** befassen Sie sich mit den Gefühlen und Absichten, die unser Verhalten in einem Konflikt steuern, mit dem Konfliktklima und den Konfliktstilen. Ein Selbsttest zum persönlichen Konfliktverhalten rundet das Kapitel ab.
- Im **Kapitel 3** zeigen wir Ihnen die drei Hauptphasen eines Konflikts und ihren Verlauf in den neun Eskalationsstufen.
- Im **Kapitel 4** stellen wir das Mobbing als einen speziell destruktiven sozialen Konflikt vor und gehen dabei näher auf die typischen Merkmale, die Mobbinghandlungen, den Eskalationsverlauf und auf Massnahmen gegen Mobbing ein.

1 Konflikte erkennen

Lernziele

Nach der Bearbeitung dieses Kapitels können Sie …

- die Merkmale eines Konflikts beschreiben.
- typische Anzeichen für Konflikte in Organisationen nennen.
- eigene Konfliktbeispiele einer bestimmten Konfliktart zuordnen.
- die Bedeutung von Konflikten aufzeigen.

Schlüsselbegriffe

Abteilungskonflikte, Beziehungskonflikte, Dreieckskonflikte, Führungskonflikte, Gruppenkonflikte, Herrschaftskonflikte, innere Konflikte, Integrationskonflikte, Konfliktanzeichen, Konfliktpotenziale, Konfliktursachen, Loyalitätskonflikte, Normierungskonflikte, Organisationskonflikte, Paarkonflikte, Panne, Rangkonflikte, Rollenkonflikte, Sinn von Konflikten, Untergruppenkonflikte, Verteilungskonflikte, Wertekonflikte, Widerstand, Zielkonflikte

In vielen Branchen reichen bewährte Erfolgsrezepte nicht mehr aus, um im Konkurrenzkampf zu bestehen. Stattdessen sind vorausschauendes Handeln, eine grosse Anpassungsfähigkeit und Veränderungsbereitschaft gefragt. Von Mitarbeitenden wird verlangt, dass sie sich in ständig ändernden Strukturen und Arbeitsabläufen rasch zurechtfinden und in unterschiedlichen Teamkonstellationen möglichst reibungslos zusammenarbeiten können.

Wo Menschen zusammenkommen, treffen immer unterschiedliche Interessen, Bedürfnisse, Werte, Meinungen und auch Vorurteile aufeinander. Diese **stören** oder **bedrohen** uns, wenn wir uns nicht mit ihnen auseinandersetzen können, wollen oder dürfen – wir reagieren mit Anspannung, Gereiztheit, Wut, Unsicherheit, Angst usw. Mit so unangenehmen Emotionen und Gefühlen können wir uns langsam in einen Konflikt hineinsteigen, in dem die sachliche Auseinandersetzung und das Suchen nach einer konstruktiven, d. h. aufbauenden und wirksamen Lösung immer mehr in den Hintergrund rücken.

Der Kommunikationswissenschafter Friedemann Schulz von Thun hat dies treffend umschrieben: «Menschen, die miteinander zu schaffen haben, machen einander zu schaffen.»[1]

1.1 Merkmale eines Konflikts

Konflikte fallen nicht einfach vom Himmel. Vielmehr bahnen sie sich oft langsam, aber unaufhörlich an, um sich dann mit einem Mal zu «entzünden». Um einen Konflikt als solchen zu erkennen, ist es darum wichtig, auf typische Merkmale zu achten.

Der Psychologe Karl Berkel will den Konflikt möglichst einfach definieren: «Ein Konflikt liegt dann vor, wenn **zwei Elemente** gleichzeitig **gegensätzlich und unvereinbar** sind.»[2] Mit «Elemente» sind Gedanken, Wünsche, Verhaltensweisen, Absichten, Beurteilungen, Bewertungen, Personen oder Gruppen gemeint.

Beispiel

- Die Juristin möchte gerne Karriere machen und viel Freizeit haben.
- Der Vater will mehr Zeit mit seinen Kindern verbringen, nicht aber sein Arbeitspensum reduzieren.
- Die Reisefreudigen möchten möglichst gute Flugverbindungen, die Anwohner des Flughafens fühlen sich durch den ständigen Fluglärm massiv gestört.
- Die Angestellten wünschen geregelte Arbeitszeiten, die Unternehmensleitung mehr Handlungsspielraum beim Mitarbeitereinsatz.

---

[1] Schulz von Thun, Friedemann; Ruppel, Johannes; Stratmann, Roswitha: Miteinander reden: Kommunikationspsychologie für Führungskräfte, Reinbek bei Hamburg 2003.
[2] Berkel, Karl: Konflikttraining, Arbeitshefte Führungspsychologie, Heidelberg 2010.

Der Konfliktforscher Friedrich Glasl definiert einen sozialen Konflikt wie folgt: «Ein sozialer Konflikt ist eine Interaktion zwischen Handelnden (Einzelpersonen, Gruppen oder Organisationen), bei der mindestens ein Handelnder Unvereinbarkeiten im Denken, Vorstellen, Wahrnehmen und / oder im Fühlen und / oder im Wollen mit dem anderen Handelnden erlebt und sich dadurch beeinträchtigt sieht.»[1]

Glasls Definition weist auf drei typische Merkmale eines Konflikts hin:

1. **Interaktion:** Handlungen und / oder handelnde Personen stehen miteinander in wechselseitigen Beziehungen.
2. **Unvereinbarkeiten:** Mindestens eine Partei wird dadurch empfindlich gestört.
3. **Beeinträchtigung:** Diese Störung wird als ungerechtfertigte Einschränkung bewertet.

Nicht alles, was schwierig ist oder Missstimmungen auslöst, ist schon ein Konflikt. Der Konflikt ist erst dann gegeben, wenn eine **Spannung** so stark von uns Besitz ergreift, dass sie uns nicht mehr «loslässt», und wenn die Gedanken kreisen. Wir werden nur noch von **Emotionen** geleitet, was dazu führt, dass wir **Beziehungen** als **verändert wahrnehmen**. Denn für uns ist wahr, was wir wahrnehmen.

1.1.1 Konflikt oder Panne?

Wir geraten immer wieder in ärgerliche Situationen, die jedoch nur als «Pannen» einzustufen sind. Im Gegensatz zu Konflikten beruhen Pannen auf **Missverständnissen** oder **Fehlern**, die z. B. durch Sprachbarrieren, Informationslücken, Versehen oder Irrtümer entstehen. Sie lassen sich rasch klären, sodass alle Betroffenen erleichtert sind.

Die folgenden beiden Beispiele aus dem Arbeitsalltag zeigen den Unterschied zwischen einem Konflikt und einer Panne.

Beispiel

- **Konflikt:** Sandra kommt regelmässig mindestens eine Viertelstunde zu spät zu den monatlichen Teamsitzungen. Die anderen Teilnehmenden empfinden dies zunehmend als Geringschätzung ihnen gegenüber.
- **Panne:** Sandra kommt eine halbe Stunde zu spät zu einer Teamsitzung, weil sie sich einen falschen Sitzungsort notiert hatte. Sie entschuldigt sich für diesen Irrtum.

Weil sich Pannen einfacher beheben lassen als Konflikte, sind wir versucht, konflikträchtige Situationen zu unterschätzen und sie lieber als Panne einzustufen. Wenn in einer Beziehung Pannen aber gehäuft vorkommen, weist dies trotzdem meist auf tiefer liegende Konflikte hin.

1.1.2 Konflikt oder Widerstand?

Nicht immer freuen sich Menschen auf **Veränderungen**. Im Gegenteil: Oft regt sich dagegen heftiger Widerstand. Schenken wir diesem Widerstand zu wenig Beachtung und gelingt es nicht, ihn zu brechen, kann er sich verhärten und zu einem Konflikt ausweiten. Insofern sind Konflikt und Widerstand eng miteinander verknüpft.

Beispiel

«Muss das wirklich sein? Können wir nicht einfach alles so belassen, wie es ist? Es hat doch immer gut funktioniert!» Kopfnicken in der Runde, dann Schweigen. Alle im Team schauen betreten auf ihre Unterlagen und denken: «Mara hat so recht!» – Zuvor hat ihnen ihre Chefin das neueste Reorganisationsprojekt der Geschäftsleitung präsentiert, das dritte in den letzten fünf Jahren. «Da müssen wir nun alle gemeinsam durch!» Überzeugend tönt anders ... Der Versuch der Chefin, mit Durchhalteparolen den Widerstand zu brechen, wird wohl nicht viel bringen.

---

[1] Glasl, Friedrich: Konfliktmanagement, Bern 2011.

Vielfach bleiben die wahren Gründe gegen ein Vorhaben hinter einer ganzen Reihe sachlicher Bedenken verborgen. In den meisten Fällen sind es verschiedene Formen von Angst oder fehlende Informationen.

Studien zeigen, dass bis zu 90% der Ursachen von Widerstand auf Angst beruhen: vor den Folgen einer Veränderung, vor einem möglichen Verlust von Macht, Einfluss, Sonderrechten usw. Auch die folgenden Ursachen für Widerstand sind auf Angst zurückzuführen:

- Gewohnheit schafft Sicherheit und Wohlbefinden, wie dieses Sprichwort ausdrückt: «Das bekannte Leid ist immer noch angenehmer als das unbekannte Glück.» Man wehrt sich gegen Veränderungen, weil man sich vor den Anstrengungen fürchtet, die damit verbunden sind – lieber seine Gewohnheiten nicht aufgeben, als sich auf etwas Unbekanntes einlassen.
- Eigeninteressen verteidigen: Viele Menschen tun sich schwer, offen zu ihren Wünschen und Interessen zu stehen. Darum versuchen sie, vermeintlich sachlich gegen eine Veränderung zu argumentieren, wollen aber in Wirklichkeit nur «ihre Schäfchen ins Trockene bringen», d. h. ihre eigenen Vorteile sichern.
- Nicht gefragt werden: Wer sich von einem Vorhaben ausgeschlossen fühlt oder ausgeschlossen ist, ist oft schon aus Prinzip dagegen.
- Negative Erfahrungen: Weil ähnliche Vorhaben gescheitert sind oder man damit schlechte Erfahrungen gemacht hat, stemmt man sich gegen eine Veränderung.

Auch tatsächliche oder angebliche Informationslücken erzeugen Widerstand. Allein das Gefühl, nicht oder nur ungenau informiert zu werden, verheisst nichts Gutes. Man kann nur vermuten, was auf einen zukommen wird, und ist verunsichert. Vermutungen sind darum ein guter Nährboden für Gerüchte. Mit einer verzerrten Wahrnehmung lassen sich allerlei Argumente gegen ein Vorhaben vorbringen. Der Widerstand verhärtet sich.

Widerstand steht jedem Vorhaben im Weg. Ihn bekämpfen und sich in endlosen Argumentationsrunden verlieren verhindert, dass ein Vorhaben wie geplant realisiert werden kann. Es gibt dagegen nur ein Rezept: Sich ihm frühzeitig stellen, sich auf diese Weise mit ihm verbünden und die darin gebundene Energie für die Veränderung nutzen.

Für den konstruktiven Umgang mit Widerstand müssen Sie vier Grundsätze beachten:

1. Denkpause einschalten: Gehen Sie nochmals über Ihre eigenen Bücher.
2. Raum geben: Sprechen Sie Bedenken und Befürchtungen wirklich an, nehmen Sie alle Bedürfnisse ernst und verringern Sie so den Druck auf die Mitarbeitenden.
3. Ursachen erforschen: Lernen Sie Widerstand verstehen.
4. Absprachen treffen: Erarbeiten Sie Lösungen und Vorgehen nicht allein, sondern gemeinsam.

1.2 Konfliktpotenziale und Konfliktanzeichen in Organisationen

Unternehmen sind komplexe soziale Organisationen. Sie funktionieren nur, wenn die zu erbringenden Leistungen koordiniert werden. Koordinieren ist eine zentrale Führungsaufgabe: Ziele setzen, Massnahmen planen, die Umsetzung der Massnahmen steuern, kontrollieren und nötigenfalls auch korrigierend eingreifen – all das muss aufeinander abgestimmt sein. **Offizielle Regeln** helfen, diese Führungsaufgabe zu erfüllen. Das können hierarchische Strukturen, standardisierte Arbeitsabläufe, Richtlinien usw. sein. Aber gerade aus diesen «von aussen» oder «von oben» vorgegebenen Regeln entstehen typische Konfliktpotenziale in Unternehmen, wie die folgenden Beispiele zeigen.

Beispiel
- **Schnittstellenprobleme** in Arbeitsabläufen: Kommunikations-, Abstimmungsprobleme, Mehrfachbelastungen, Reibungsverluste durch zu viele Schnittstellen, Fehlleistungen usw.
- **Ressourcenverteilungsprobleme:** Leistungen beanspruchen Finanzen, Betriebsmittel, personelle Kapazitäten usw., die meistens knapp sind.
- **Hierarchische Probleme:** Unterschiedliche Kompetenzen führen zu einem Machtgefälle.
- **Anerkennungsprobleme** aufgrund individueller Unterschiede in Leistungen, im Wissen und Können, in Werthaltungen und Einstellungen usw.
- **Meinungsverschiedenheiten** über längerfristige Ziele, Konzepte, Massnahmenpläne usw.

Konflikte entstehen niemals plötzlich und grundlos. Sie haben immer eine **Vorgeschichte** mit typischen Anzeichen (Symptomen). Je öfter und je klarer diese Symptome auftreten, umso grösser ist die Wahrscheinlichkeit, dass Sie es mit einem ungelösten Konflikt zu tun haben, der in der Luft liegt.

Wer offen und sensibel ist für zwischenmenschliche Probleme, erkennt **Konfliktanzeichen** rechtzeitig. Wer sich hingegen (insgeheim) vor Auseinandersetzungen fürchtet, neigt dazu, einen Konflikt zu übersehen, der sich anbahnt – in der Hoffnung, er lasse sich so verhindern. Das Sprichwort «Schlafende Hunde soll man nicht wecken» drückt diese Furcht trefflich aus.

Abb. [1-1] Typische Konfliktanzeichen in Organisationen

Thema	Typische Konfliktanzeichen
Kommunikationswege	- Besprechungen oder Sitzungen werden regelmässig vertagt. - Es wird hauptsächlich per Mail kommuniziert, auch bei Problemen, die sich mit einem Gespräch rasch bereinigen liessen. - Gerüchtebörsen florieren, «vertrauliche» Informationen werden publik gemacht. - Betroffene werden selektiv, d. h. unvollständig oder unklar informiert.
Gesprächsklima	- Es wird auf «Nebenschauplätzen» gestritten. - Sticheleien und Zynismus treten an Stelle von echten Auseinandersetzungen.
Verantwortungsbereitschaft	- Die Beziehungen sind förmlich, man beruft sich auf Regeln und Anweisungen und streitet über Zuständigkeiten. - Ausgeprägtes «Gärtchendenken», Verantwortung wird an andere Stellen abgeschoben.
Entscheidungsverhalten	- Entscheidungen werden «im stillen Kämmerlein» getroffen oder auch dann, wenn Informationslücken bestehen. - Entscheidungsträger distanzieren sich nachträglich von Entscheidungen.
Problembewusstsein	- Bei Problemen, Versäumnissen oder Fehlern wird nach Schuldigen gesucht statt nach Lösungen. - Probleme oder Fehler werden wenn möglich vertuscht. - Kritik wird nicht zugelassen.
Führung	- Vorwurf der unklaren Führung, Ruf nach einer «starken Hand» und mehr Rückendeckung «von oben». - Bedürfnis, alles zu regeln (Reglemente, Handbücher, Systeme).

1.3 Konfliktarten

Um Konflikte besser zu verstehen, müssen Sie sie einordnen können. Abb. 1-2 zeigt acht Konfliktarten im Überblick. Beginnend bei «inneren Konflikten» werden die Konfliktarten im Uhrzeigersinn immer komplexer, weil immer mehr Menschen involviert sind und hierarchische Ebenen hinzukommen, zwischen denen sich Konflikte bilden können.

Abb. [1-2] Acht Konfliktarten

1.3.1 Innere Konflikte

Innere Konflikte betreffen den persönlichen Umgang mit **Selbstzweifeln, Unsicherheit** oder **schwierigen Entscheidungen**. Eine Person befindet sich in einem **Zwiespalt** und hat mit sich zu kämpfen. Sie weiss nicht, wie sie sich verhalten soll, was sie wirklich will oder was für sie besser wäre. Oder sie sieht sich gezwungen, sich für etwas zu entscheiden und gleichzeitig auf etwas anderes zu verzichten. Damit verbunden ist das Risiko, sich Nachteile einzuhandeln.

Bei einem inneren Konflikt muss sich eine Person zwischen zwei Möglichkeiten entscheiden, die

- sie **beide als gut** einstuft, also zwischen zwei Chancen.
- sie **beide als schlecht** einstuft, also zwischen zwei Übeln.
- ihr **sowohl** etwas Gutes **als auch** etwas Schlechtes verheissen.

Beispiel
- **Zwei Chancen:** Markus hat gute Karriereaussichten in seiner jetzigen Firma. Er erhält nun ein attraktives Stellenangebot von einer anderen Firma.
- **Zwei Übel:** Lena will nicht mehr länger arbeitslos sein. Doch das Stellenangebot, das sie nun erhalten hat, sagt ihr eigentlich nicht zu.
- **Sowohl als auch:** Daniel hat seine Traumstelle gefunden. Allerdings müsste er dafür eine empfindliche Lohneinbusse in Kauf nehmen.

Das Austragen innerer Konflikte festigt die Persönlichkeit und ist daher wichtig für die **Persönlichkeitsentwicklung**.

1.3.2 Beziehungskonflikte

Wenn Menschen miteinander eine Beziehung eingehen, treffen immer unterschiedliche Wahrnehmungen, Einstellungen, Gefühle und Verhaltensweisen aufeinander. Dadurch entstehen gegensätzliche und miteinander nicht vereinbare Interessen:

- Ich möchte meine eigenen Interessen wahren.
- Ich möchte meine Persönlichkeit stärken.
- Ich möchte die Beziehung zum Gegenüber nicht gefährden.

Solche Interessenkonflikte treten in allen Formen von Beziehungen auf, in Paar-, Dreiecks- und Gruppenbeziehungen. Mit der Anzahl der Beteiligten ändern sich jedoch die Eigenart und die Dynamik des Konflikts.

A] Paar- oder Zweierkonflikte

Paarkonflikte spielen sich zwischen zwei Personen ab, die miteinander in einer privaten oder einer beruflichen Beziehung stehen, z. B. Mann und Frau, Vater und Sohn, Vorgesetzte und Mitarbeiter, zwei Kolleginnen oder zwei Verhandlungspartner.

Abb. [1-3] **Paarkonflikte**

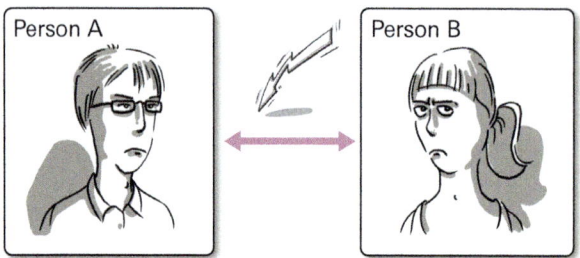

In Zweierbeziehungen entstehen Spannungen zwischen

- dem Bedürfnis nach Nähe und dem Bedürfnis nach Distanz: Wie viel Gemeinsamkeit möchte ich in der Beziehung und wie viel Eigenständigkeit will ich behalten? Dieses Bedürfnis kann sich auch im Verlauf einer Beziehung ändern. Geht ein Partner zunehmend auf Distanz, fühlt sich der andere im Stich gelassen. Sucht ein Partner zunehmend die Nähe, fühlt sich der andere eingeengt.
- dem Bedürfnis nach Beständigkeit und dem Bedürfnis nach Veränderung: Wie sehr bin ich mit dem Erreichten zufrieden und wie sehr suche ich nach Neuem? Jeder Mensch hat seine eigene Entwicklungsdynamik. Der eine Partner sucht die Abwechslung und entwickelt laufend neue Ideen, während der andere die gewohnte Form schätzt und sie bewahren möchte.

Persönliche Abneigungen aufgrund von unterschiedlichen Gefühlen, Wahrnehmungen oder Verhaltensweisen sind ein weiterer Grund für Beziehungskonflikte. Diese entstehen besonders dort, wo man unfreiwillig zusammenleben oder zusammenarbeiten muss. Man bezeichnet sie auch als «Chemieproblem»: Zwei Personen finden sich spontan unsympathisch und können sich «nicht riechen», wissen aber nicht genau, weshalb. Weil sie sich nicht aus dem Weg gehen können, suchen sie die Konfrontation in Form von Sticheleien, Vorwürfen oder auch von demonstrativer Gleichgültigkeit.

Beispiel Yvonne stellt ein Konzept in der Teamsitzung vor. Dabei nimmt sie wahr, dass ihr neuer Kollege Marc mehrmals die Augenbrauen hochzieht und fast unmerklich den Kopf schüttelt. In der Diskussion meldet er sich aber nicht zu Wort. Yvonne fühlt sich verunsichert und geht ihm gegenüber bewusst auf Distanz. Als Marc sie darauf anspricht, antwortet sie gereizt: «Ich weiss gar nicht, was du hast!» Spätestens zu diesem Zeitpunkt ist das Verhältnis zwischen den beiden angespannt.

In Paarkonflikten wird der eigentliche Konfliktgrund oft nicht angesprochen, um die Beziehung nicht zu gefährden. Man weicht stattdessen auf einen weniger problematischen Konfliktgrund aus. Solche Konfliktverlagerungen werden auch als **Substitutionskonflikte** oder Stellvertreterkonflikte bezeichnet.

Beispiel

Wenn sich ein Paar darüber streitet, ob die Zahnpastatube am Ende oder in der Mitte auszudrücken ist, geht es wohl kaum um die Zahnpastatube. Der eigentliche Streitgrund ist tiefer in der Beziehung zu suchen. Er kann jedoch nicht angesprochen werden, sodass das Paar den Konflikt über die falsch ausgedrückte Tube austrägt.

Peter und Rolf teilen sich seit einiger Zeit ein Büro. Peter wirft Rolf vor, zu viel Platz für sich zu beanspruchen, die Ordnungsregeln nicht einzuhalten usw. Rolf gibt zu, dass er hin und wieder seine Unterlagen ausbreite und nicht rechtzeitig aufräume, das geschehe jedoch unabsichtlich. Hinter diesem offen ausgetragenen Konflikt steckt allerdings ein anderer: Peter beneidet Rolf um seine Selbstsicherheit.

B] Dreieckskonflikte

Dreiecksbeziehungen bergen erheblich mehr Konfliktpotenzial als Paarbeziehungen, weil eine dritte Person im Spiel ist. Es müssen also nicht nur drei Personen, sondern drei Beziehungen miteinander auskommen.

Abb. [1-4] Dreieckskonflikte

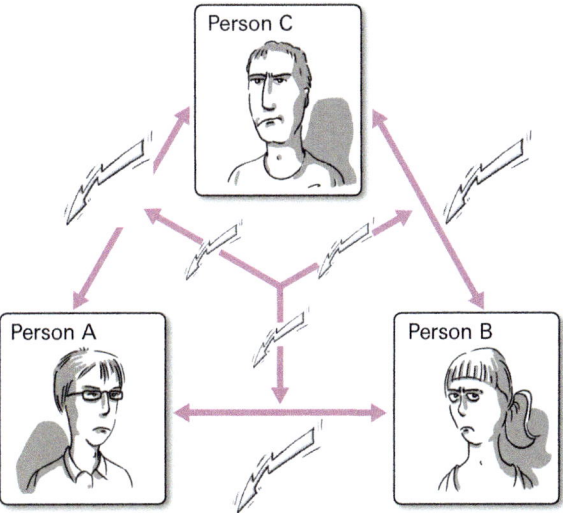

Vater, Mutter, Kind bilden das Urmuster für die familiäre Dreiecksbeziehung: Zur Beziehung zwischen Vater und Mutter kommen die beiden Beziehungen zwischen Vater und Kind und zwischen Mutter und Kind hinzu.

Beispiel

Gabriela und Christian, die Eltern von Silvan und Reto, legen Wert auf die Einhaltung gemeinsamer Essenszeiten. Als Silvan zum wiederholten Mal zu spät zum Abendessen erscheint und sich dafür wortgewandt entschuldigt, will Christian noch einmal ein Auge zudrücken. Gabriela sieht das ganz anders: «Es ist immer dasselbe, nie werden in diesem Haus Abmachungen eingehalten! Und du unterstützt das auch noch! Also, mir reicht es!» Sie steht auf und verlässt das Zimmer. Christian und Silvan bleiben schweigend am Tisch sitzen, derweil Reto auch aufsteht und der Mutter folgt.

Dreieckskonflikte kommen auch – mit ähnlichen Ausprägungen – im beruflichen Umfeld vor:

- **Rivalität:** In einem Zweierkonflikt wird versucht, den Dritten auf eine Seite zu ziehen. Dieser bekommt mehr Zuwendung, weil jeder um dessen Gunst wirbt.
- **Delegation:** In einem Zweierkonflikt wird nicht mehr miteinander kommuniziert. Stattdessen übernimmt eine Drittperson die «Übermittlungsaufgabe». Verschafft sie sich damit Vorteile, gilt das Sprichwort: «Wenn zwei sich streiten, freut sich der Dritte.»
- **Koalition:** Zwei verbünden sich gegen den Dritten. Diese Person fühlt sich ausgeschlossen und gegenüber den anderen unterlegen. Die Verbündeten hingegen fühlen sich momentan gestärkt.

Beispiel

- **Rivalität:** Zwei Teamkollegen geraten sich regelmässig in die Haare. Beide bemühen sich um die Unterstützung durch ihren Vorgesetzten.
- **Delegation:** Manche Führungspersonen sichern ihre Machtposition, indem sie dafür sorgen, dass die Kommunikation im Team grundsätzlich über sie läuft. Folglich unternehmen sie auch wenig, damit sich ihre Mitarbeitenden untereinander besser verstehen.
- **Koalition:** Wenn es um die Aufgabenverteilung geht, verbünden sich die beiden jüngeren Sachbearbeiterinnen stets gegen ihre ältere Kollegin und beanspruchen die interessanteren Aufgaben für sich.

1.3.3 Gruppenkonflikte

Als Gruppenkonflikt bezeichnet man einen Konflikt, in den **mehr als drei Personen** involviert sind.

Innerhalb einer Gruppe besteht immer eine Tendenz, die einzelnen Mitglieder gleichzuschalten. Gruppen bremsen den Schnellen und motivieren den Langsamen und bringen so alle auf ein – theoretisch – ähnliches und insgesamt höheres Leistungsniveau. Um eine Gruppe zu stabilisieren, müssen die Gruppenmitglieder sich zur Gruppe **zugehörig** fühlen, die Gruppe als **Einheit** verstehen und ihr gegenüber **Respekt** zeigen. Ebenso wichtig ist die **Rangordnung,** ohne die eine Gruppe nicht arbeitsfähig wird. Rituale, Belohnungen und Bestrafungen (Sanktionen) festigen eine Gruppe.

Wird die Gruppe infrage gestellt, kommt es zu einem Gruppenkonflikt. Am häufigsten entsteht ein Gruppenkonflikt aufgrund von Kommunikationsfehlern oder unklaren Aufträgen, weil die Zusammenarbeitskultur nicht funktioniert oder die Arbeitsteilung schlecht organisiert ist.

Nebst Beziehungskonflikten sind sechs weitere typische Gruppenkonflikte zu beobachten:

1. Loyalitätskonflikte
2. Integrationskonflikte
3. Untergruppenkonflikte
4. Rangkonflikte
5. Führungskonflikte
6. Normierungskonflikte

A] Loyalitätskonflikte

Loyalitätskonflikte treten auf, wenn ein Gruppenmitglied **von aussen angegriffen** wird. Normalerweise verteidigen die übrigen Gruppenmitglieder die angegriffene Person gegen aussen. Dies geschieht unabhängig davon, ob sie dessen Verhalten billigen, weil die **Einheit der Gruppe** mehr zählt.

Beispiel

Polizisten halten bedingungslos zusammen, wenn gegen einen von ihnen Anzeige erstattet worden ist. Die Gruppenloyalität gibt ihnen die Sicherheit, während der täglichen Arbeit dem Druck von aussen standzuhalten.

Ein Loyalitätskonflikt in Unternehmen entsteht auch dann, wenn sich Mitarbeitende über ihre Vorgesetzte bei der nächsthöheren Stelle beklagen. Zunächst werden die beschuldigten Vorgesetzten in Schutz genommen, obwohl später eventuell Massnahmen gegen sie ergriffen werden. Ein passendes Sprichwort lautet: «Eine Krähe hackt der anderen kein Auge aus.»

B] Integrationskonflikte

Ein typischer Integrations- oder Zugehörigkeitskonflikt entsteht, wenn ein **neues Mitglied** in die Gruppe aufgenommen oder ein bestehendes Mitglied, das als **Aussenseiter** gilt, wieder aufgenommen werden soll. Hier spielt sich etwas Ähnliches wie beim Dreieckskonflikt ab: Die bisherigen Beziehungen müssen neu aufeinander eingestellt werden.

Immer wieder vernachlässigen Führungspersonen die notwendigen Integrationsaufgaben, wenn ein Teammitglied neu hinzukommt, und nehmen den anfänglichen «Sand im Getriebe» als bedauerliche Notwendigkeit in Kauf. Dieses Versäumnis kostet alle Beteiligten viel Energie und somit auch viel (Lehr)geld.

C] Untergruppenkonflikte

Bis etwa vierzehn Mitglieder bleibt eine Gruppe überschaubar und damit auch arbeitsfähig. Grössere Gruppen neigen dazu, in Untergruppen zu zerfallen. Untergruppen werden mit **Argwohn** beobachtet und als **Bedrohung** für die Gruppe als Ganzes gesehen, weil sie die anderen Gruppenmitglieder ausschliessen. Um diese Bedrohung abzuwenden, versucht die Gruppe, Untergruppen wenn möglich zu zerstören.

Beispiel — Die Buchhaltungsabteilungen der einzelnen Standorte werden an den Hauptsitz verlegt. Es stehen einige Entscheidungen an, z. B. die Bürozuteilung, die Parkplatz-, Ferien- und Stellvertretungsregelungen usw. Die Mitarbeitenden aus den Standorten befürchten, dass die Kollegen am Hauptsitz mehr Einfluss haben und sich dadurch Vorteile verschaffen könnten. Deshalb verbünden sie sich und beginnen, sämtliche Lösungsvorschläge der Kollegen am Hauptsitz zu torpedieren. Mit diesem Verhalten stellen sie die Gesamtgruppe infrage und gleichzeitig das Reorganisationsvorhaben.

D] Rangkonflikte

Ein wichtiger Schritt in der **Gruppenbildung** ist das Festlegen einer Rangordnung. Sie bestimmt darüber, wer wie viel Einfluss bei der Meinungsbildung hat, wer offiziell die Gruppenleitung übernehmen darf, wer die unattraktiven Aufgaben (z. B. die Protokollführung) übernehmen muss usw. Die eigene **Position** in der Rangordnung zu kennen, verleiht **Sicherheit**: Man weiss, wo man hingehört.

Rangkonflikte brechen auch dann aus, wenn **neue Mitglieder** zu einer Gruppe stossen: Die einen halten sich ungewohnt zurück, andere warten vorsichtig ab oder preschen vor, um ihre möglichen Positionen in der Rangordnung auszuloten. In jedem Fall braucht es eine gewisse Zeit, bis die Rangordnung in der Gruppe wieder klar festgelegt ist.

Beispiel — Beobachtet man eine Teamsitzung von aussen, kann man feststellen, dass sich viele Diskussionsbeiträge um die Rangordnung drehen: Einzelne Mitglieder melden sich nicht deshalb zu Wort, weil sie etwas besonders Wichtiges zu sagen hätten, sondern weil sie aufgrund ihrer Position glauben, etwas sagen zu müssen. Umgekehrt erwartet man eine klare Stellungnahme von jenen Mitgliedern mit einer hohen Position in der Rangordnung. Erfolgt diese nicht, wirkt die Gruppe verunsichert.

E] Führungskonflikte

Eine funktionierende Gruppe muss **Ziele** erreichen können und ein bestimmtes Mass an **Zusammenhalt** garantieren. Um diese beiden Anforderungen erreichen zu können, wird eine Gruppenleitung eingesetzt. Dank ihrer Führung soll sich die Gruppenleistung verbessern und sich das Vertrauen innerhalb der Gruppe entwickeln. Wenn in der Folge die Gruppenleitung diese Ansprüche nicht erfüllen kann, entsteht ein Führungskonflikt. Die Nichterfüllung ist oft aber nicht sachlich begründet, sondern basiert auf Vermutungen.

Beispiel — Eine Nachwuchsfrau aus einem anderen Unternehmensbereich übernimmt die Teamleitung. Einzelne Teammitglieder sprechen ihr die Führungskompetenz ab, weil sie keine Fachspezialistin sei.

F] Normierungskonflikte

In Gruppen gibt es Normen, die eingehalten werden müssen. Als offizielle Normen gelten die ausgesprochenen oder schriftlich festgehaltenen **Verhaltensregeln, Gebote** und **Verbote,** als inoffizielle Normen die unausgesprochenen Spielregeln. Normierungskonflikte treten dann auf, wenn ein Gruppenmitglied gegen diese Normen verstossen hat. Mittels Bestrafung kann die Gruppe es dazu «zwingen», sich wieder anzupassen, und es dadurch wieder integrieren.

Beispiel — In einem Arbeitsteam gilt die Regel: In Stresssituationen helfen wir einander aus! Daran halten sich alle und zeigen sich bereit, den Sondereinsatz zu leisten. Ausser Clara, die zum wiederholten Mal mit einer «Pseudoentschuldigung» fernbleibt. Die anderen Teammitglieder finden Claras Verhalten unfair und inakzeptabel. An der nächsten Teamsitzung wollen sie Clara damit konfrontieren.

1.3.4 Rollenkonflikte

Im privaten und im beruflichen Alltag nehmen wir unterschiedliche Rollen ein. An jede Rolle sind bestimmte **Erwartungen** geknüpft, wie man sich verhalten sollte. Viele dieser Erwartungen sprechen wir jedoch nicht klar aus. Wir gehen «selbstverständlich» davon aus, dass der Rollenträger weiss, worauf es ankommt. Ein Rollenkonflikt entsteht dann, wenn der Rollenträger nicht allen Erwartungen gleichzeitig gerecht werden kann.

Bei Organisationsveränderungen kommt es oft zu einer **Neuverteilung der Kompetenzen**. Jemand wächst dadurch in eine Rolle hinein, die er bisher nicht innehatte. Jede Rollenänderung birgt grundsätzlich eine Konfliktsituation und bedarf deshalb der sorgfältigen Klärung.

Beispiel — Ein erfahrener und allseits geschätzter Kollege wird Teamleiter. Oder eine Lehrerin übernimmt neu die Funktion der Schulleiterin. – Für die beförderte Person ist es oft schwieriger, in der neuen Rolle akzeptiert zu werden, als wenn sie jemand übernimmt, der von aussen kommt.

1.3.5 Zielkonflikte

Zielkonflikte können innere Konflikte sein (s. Kap. 1.3.1, S. 13). In Organisationen entstehen sie dann, wenn mit einer Sache oder mit einem Vorhaben **widersprüchliche Ziele** erreicht werden sollen. Man ahnt, dass nicht alles gleichzeitig möglich ist, und kämpft darum, wer mehr im Recht ist.

Beispiel — Zwischen dem Teamleiter eines Produktionsteams und der Leiterin des Wareneinkaufs kommt es wiederholt zu Spannungen. Während der Teamleiter weiterhin bestimmte Werkstoffe vom bisherigen Lieferanten beziehen will, versucht die Einkaufsleiterin, einen neuen, günstigeren Lieferanten einzuführen. Der Teamleiter wehrt sich dagegen, weil er die Erfahrung gemacht hat, dass der billigere Werkstoff Qualitätsmängel aufweist.

Der Zielkonflikt ist offensichtlich: Der Teamleiter will Qualitätseinbussen vermeiden, die Einkaufsleiterin will Kosteneinsparungen erreichen.

1.3.6 Verteilungskonflikte

Verteilungskonflikte entstehen aufgrund von **knappen Mitteln** wie personellen Ressourcen, Geld, Zeit, Raum oder Rechten. Die Konfliktparteien wollen dasselbe gleichzeitig haben und sind sich folglich uneinig darin, wem was zusteht. Vielfach handelt es sich bei Verteilungskonflikten auch um Macht- oder Rangkonflikte.

Beispiel
- Wer im Unternehmen darf ein Firmenauto oder ein neu gestaltetes Büro beziehen?
- Welches Projekt erhält wie viele Personen oder wie viel Zeitbudget zugesprochen?
- Wer im Team bestimmt darüber, ob im Büro Musik erklingen darf und wann das Fenster geöffnet wird?
- Wie viel Bonus erhalten welche Mitarbeitende?

1.3.7 Organisationskonflikte

Organisationskonflikte entstehen zwischen **Organisationseinheiten** aufgrund von Konfrontationen z. B. zwischen Einzelpersonen, Arbeitsteams, Abteilungen oder Firmenstandorten. Zu Spannungen kommt es besonders dann, wenn diese Einheiten miteinander im Wettbewerb stehen, verschiedenartige Aufgaben erfüllen oder unterschiedliche Interessen verfolgen.

Menschen kooperieren auf Dauer nicht freiwillig, sondern erst durch **Einwirken einer übergeordneten Stelle,** die sie steuert. Das Spannungsfeld zwischen Selbst- und Fremdbestimmung führt zu Organisationskonflikten.

Nebst den Beziehungs- und Gruppenkonflikten kommen in Organisationen zwei weitere typische Konflikte vor, die mit der hierarchischen Struktur zusammenhängen: Abteilungs- und Herrschaftskonflikte.

A] Abteilungskonflikte

Abteilungen oder Organisationseinheiten verfolgen unterschiedliche, unter Umständen entgegengesetzte **Interessen**. Jeder Bereich versucht, für sich optimale Ergebnisse zu erzielen, und ist nicht zu Zugeständnissen bereit, die auf ein optimales Gesamtergebnis abzielen würden.

Beispiel
Ein typischer Dauerkonflikt herrscht zwischen der Produktions- und der Verkaufsabteilung: Die Produktionsverantwortlichen behaupten, die Verkaufsverantwortlichen könnten das von ihnen entwickelte Produkt nicht richtig verkaufen. Ihrer Meinung nach braucht es dringend Verbesserungen im Verkauf, damit die Absatzzahlen wieder steigen. Auf der anderen Seite argumentiert die Verkaufsabteilung, das Produkt sei zwar gut, aber auch zu teuer, und lasse sich deshalb nicht absetzen. Aus ihrer Sicht besteht ein dringender Handlungsbedarf in der Produktionsabteilung.

B] Herrschaftskonflikte

Eine als **unterschiedlich** oder **ungerecht** empfundene Verteilung der Verantwortung und der Kompetenzen zwischen verschiedenen Organisationseinheiten, z. B. zwischen dem Hauptsitz und den Tochtergesellschaften, verursacht Herrschaftskonflikte. Diese sind ein Dauerthema in hierarchischen Organisationen.

Beispiel
Die Aussendienstmitarbeitenden pflegen den direkten Kontakt zu den Kunden. In der Zentrale werden neue Verkaufsstrategien definiert, mit denen die Aussendienstmitarbeitenden nicht einverstanden sind, die sie jedoch einhalten und umsetzen müssen. Sie wehren sich gegen die Bevormundung durch die Zentrale: «Typische Schreibtischtäter – die haben von der Front keine Ahnung!»

1.3.8 Wertekonflikte

Werte sind jene grundlegenden **Überzeugungen, Prinzipien, Tugenden** (was moralisch als vorbildlich gilt), **Einstellungen** und **Verhaltensgebote,** auf denen das menschliche Handeln und Zusammenleben beruht. Dabei gilt: Je entschiedener eine Person oder eine Gruppe einen bestimmten Wert vertritt, desto härter wird sie bekämpfen, wer einen gegenteiligen Wert vertritt.

Wertekonflikte können in allen Beziehungs- und Gruppenformen sowie in Organisationen entstehen. Besonders hart ausgetragen werden sie aber auch zwischen den Angehörigen verschiedener Kulturen oder Religionen.

Beispiel Wertebasierte Spannungsfelder in Organisationen:
- Mitarbeiterorientierung oder Leistungsorientierung?
- Mitarbeiterzufriedenheit oder Gewinnmaximierung?
- Qualität oder Quantität?
- Vertrauen oder Kontrolle?
- Partnerschaftliches oder autoritäres Führen?
- Gemeinsame Leistungen oder Wettbewerb?

1.4 Welchen Sinn haben Konflikte?

Von einem Sinn im Zusammenhang mit Konflikten zu sprechen, mag auf den ersten Blick seltsam erscheinen. Viele Menschen sind sogar der Meinung, dass es Konflikte gar nicht geben dürfte – treten diese trotzdem auf, hat jemand etwas falsch gemacht.

Wenn man Konflikte verstehen will, muss man sich von seinen gängigen Denkmustern verabschieden. Denn bei näherem Betrachten zeigt sich, dass Konflikte für die **Weiterentwicklung** der Persönlichkeit, einer Beziehung, einer Gruppe oder einer Organisation wichtig sind. Denn der Sinn eines Konflikts liegt sowohl im **Trennen** als auch im **Vereinen.** Erst durch das Anerkennen der vorhandenen Widersprüche wird der Weg frei für die notwendigen Veränderungen.

Abb. [1-5] Sinn von Konflikten

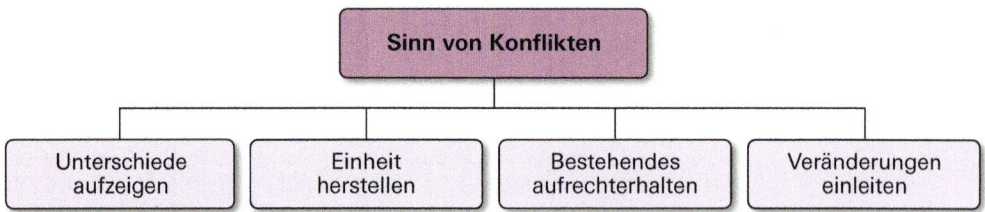

1.4.1 Unterschiede aufzeigen

Die **Arbeitsteilung** in unserer Berufswelt ist Chance und Konfliktursache zugleich. Um die Arbeitsteilung optimal zu gestalten, steht immer die folgende Frage im Raum: Wer ist der Bessere oder die Geeignetere für diese Arbeit? Der Begriff «Konkurrenz» kommt aus dem Lateinischen. «Concurrere» bedeutet: um die Wette laufen. Man will also im übertragenen Sinn herausfinden, wer der Schnellere, wer der Bessere ist.

Um im **Wettbewerb** bestehen zu können, macht man sich individuelle Stärken zunutze. Aus der Konkurrenz und der Unterschiedlichkeit erwächst jedoch eine mögliche Konfliktursache, denn nicht alle erhalten dieselben Chancen, eine interessante, herausfordernde oder hoch angesehene Arbeit zu bekommen. Konkurrenz und demnach auch Konflikte sind ein notwendiger Bestandteil der arbeitsteiligen Berufswelt.

1.4.2 Einheit herstellen

Konflikte helfen Unterschiede überwinden und die Einheit einer Gruppe (wieder)herzustellen.

Gruppenmitglieder, die ausscheren, gefährden die Sicherheit der Gruppe und im Extremfall sogar deren Handlungsfähigkeit. Sie geraten dadurch in einen entsprechenden Konflikt mit der Gruppe, der in Form von Auseinandersetzungen ausgetragen wird: wer recht und wer unrecht hat, ob jemand ausgeschlossen werden muss usw. Das Austragen eines solchen Konflikts ermöglicht es, die Unterschiede zu überwinden, die verbleibenden Gruppenmitglieder (wieder) zu vereinen und damit die Gruppe als Ganzes (wieder) zu stabilisieren.

Betrachten wir nun die beiden widersprüchlichen Nutzen eines Konflikts: Unterschiede deutlich machen und Einheit herstellen. Beides, das Trennen und Vereinen, ist notwendig für die Weiterentwicklung im Sinn einer lernenden Organisation und ist daher gut auszubalancieren. Nur das eine tun und das andere lassen wäre falsch.

Aus diesem Grund ist es in den meisten Fällen angebracht, genügend Zeit zu investieren, um alle Meinungen und sämtliche Aspekte eines Konflikts auszuloten. Findet man schliesslich eine Lösung, müssen sie auch diejenigen mittragen, die anderer Meinung waren. Denn eine Entscheidung nachträglich wieder infrage zu stellen, macht keinen Sinn. Das heisst also: Nach den Unterschieden braucht es die Einheit.

1.4.3 Bestehendes aufrechterhalten

Konflikte bieten die Gelegenheit, Bestehendes zu hinterfragen und es gleichzeitig zu schützen.

Das Bekämpfen neuer Ideen oder das Ausgrenzen von Andersdenkenden ermöglichen es, den heutigen Zustand, die geltenden Regeln, die vorherrschende Meinung usw. vorerst zu festigen. Man stemmt sich dagegen trotz der Befürchtung, dass Veränderungen unausweichlich sind.

In Gruppen zeigt sich dieses Bedürfnis nach Stabilität im Umgang mit kritischen Gruppenmitgliedern. Oft werden Einwände so lange bekämpft, bis eine Kultur herrscht, in der niemand mehr es wagt, seine andersgeartete Meinung zu äussern. «Diese vermeintliche Ruhe ist dann eher eine Friedhofsruhe denn Harmonie.»[1] In der Geschichte der Menschheit gibt es viele Beispiele dafür.

1.4.4 Veränderungen einleiten

Das Austragen von Konflikten ist wie gesagt wichtig für die Weiterentwicklung der eigenen Persönlichkeit, von menschlichen Beziehungen, Gruppen und Organisationen. Vielfach entstehen neue Lösungen erst aufgrund der Auseinandersetzung mit anderen Ansichten oder Standpunkten.

---

[1] Schwarz, Gerhard: Konfliktmanagement, Wiesbaden 2003.

Zusammenfassung

Ein Konflikt weist die folgenden Merkmale auf:

- Zwei Elemente sind gleichzeitig **gegensätzlich** und **unvereinbar** (Berkel).
- Ein sozialer Konflikt ist eine **Interaktion** zwischen Handelnden (Individuen, Gruppen oder Organisationen), bei der mindestens ein Handelnder **Unvereinbarkeiten** im Denken, Vorstellen, Wahrnehmen und / oder im Fühlen und / oder im Wollen mit dem anderen Handelnden erlebt und sich dadurch **beeinträchtigt** sieht (Glasl).

Im Gegensatz zu Konflikten sind **Pannen** alltägliche Missverständnisse oder Fehler, die sich rasch beheben lassen.

Widerstand gegen Veränderungen entsteht hauptsächlich aufgrund von Informationsdefiziten und verschiedener Formen der Angst.

Als **Konfliktarten** gelten:

Innere Konflikte	Innerer Zwiespalt einer Person im Umgang mit Selbstzweifeln, Unsicherheiten oder Entscheidungen
Beziehungskonflikte	• Paarkonflikte: Spannungen zwischen dem gegenseitigen Bedürfnis nach Nähe / Distanz und Beständigkeit / Veränderung sowie spontane Abneigungen • Dreieckskonflikte: Rivalität, Delegation oder Koalition
Gruppenkonflikte	• Loyalitätskonflikte: Verteidigung der Gruppe bei Angriffen von aussen • Integrationskonflikte: Aufnahme von neuen Mitgliedern oder von Aussenseitern • Untergruppenkonflikte: Zerfall einer Gruppe aufgrund von Untergruppenbildungen bei einer zu grossen Gruppe • Rangkonflikte: Festlegen einer neuen Rangordnung • Führungskonflikte: nicht erfüllte Ansprüche an die Gruppenleitung • Normierungskonflikte: Verstoss gegen Regeln
Rollenkonflikte	Nicht erfüllte Erwartungen an eine Rolle
Zielkonflikte	Widersprüchliche und unvereinbare Ziele
Verteilungskonflikte	Gemeinsame Beanspruchung knapper Mittel wie Finanzen, Personalressourcen, Zeit, Raum, Rechten
Organisationskonflikte	Konfrontationen zwischen Organisationseinheiten: • Abteilungskonflikte: mangelnde Kooperation • Herrschaftskonflikte: unterschiedliche Verantwortungs- und Kompetenzverteilung
Wertekonflikte	Unvereinbare Überzeugungen, Prinzipien, Tugenden, Einstellungen oder Verhaltensgebote

Der **Sinn von Konflikten** findet sich in den folgenden Widersprüchen:

- Unterschiede werden deutlich gemacht.
- Die Einheit der Gruppe wird gefestigt.
- Bestehendes bleibt erhalten.
- Veränderungen werden eingeleitet.

Repetitionsfragen

1 Zeigen Sie den Unterschied zwischen Konflikt und Widerstand anhand eines Beispiels auf.

2 Beschreiben die folgenden Fälle einen Konflikt? – Begründen Sie Ihre Einschätzung stichwortartig.

A] Schon zum zweiten Mal hat Manfred ein Informationsmail seines Abteilungsleiters nicht erhalten, weil er irrtümlicherweise im Mailverteiler nicht registriert ist.

B] Myriam musste gestern in einer dringenden Angelegenheit nach Genf fahren. Sie vergass, den Besprechungstermin mit ihrem Mitarbeiter abzusagen.

C] Benno beklagt sich bei seinem Freund: «Ich erlebe zum wiederholten Mal an unserer Abteilungssitzung dasselbe: Statt Lösungen für die Umsatzprobleme zu entwickeln, werden Schuldige gesucht!»

3 Beschreiben Sie anhand eines konkreten Beispiels aus der Arbeitswelt, warum Konflikte auch sinnvoll sein können.

4 Nennen Sie die drei typischen Merkmale eines sozialen Konflikts.

5 Ordnen Sie die folgenden zwei Fallbeispiele einer Konfliktart zu.

Fallbeispiel A Marius ist Lehrer an einer Berufsschule. An einer Teamsitzung entbrennt ein Konflikt, denn Marius weigert sich schon wieder, die Abmachungen bezüglich des Meldesystems einzuhalten. Erneut schildert er ausführlich seine persönliche pädagogische Werthaltung. Er könne deshalb Verfehlungen, z. B. das Zuspätkommen, nicht gemachte Hausaufgaben oder das Fernbleiben vom Unterricht, den entsprechenden Klassenlehrern nicht melden. Er wolle nicht Richter über seine Schüler spielen, überdies habe er diesbezüglich sowieso keine Probleme. Die Schulleiterin legt nochmals sachlich die Vorzüge des Meldesystems dar, die übrigen Teammitglieder sind sichtlich genervt. – Nun steht Susanne auf und sagt: «Marius, ich habe es langsam satt, immer die gleichen Diskussionen zu führen, wir haben wirklich Wichtigeres zu besprechen! Das Team hat beschlossen und auch du hast dich daran zu halten!» Marius steht auf und verlässt den Raum. Kurz danach reicht er seine Kündigung ein.

Fallbeispiel B Die Geschäftsleitung der Versicherungsgesellschaft Correcta AG bietet alle Aussendienstmitarbeitenden zu einer Weiterbildung auf. Es ist ihr zu Ohren gekommen, dass ein Agent mit älteren Menschen unfaire Versicherungsverträge abgeschlossen hat, von denen die Kunden nicht angemessen profitieren können. Als Thema der Weiterbildung werden «ethische und moralische Fragen im Aussendienst» genannt. Viele der Eingeladenen sind empört, dass sie zu einer solchen Weiterbildung aufgeboten werden, und weigern sich, daran teilzunehmen.

Praxisaufgaben

1 Konfliktpotenzial im Team

Beschreiben Sie drei Konflikte, die Sie in Ihrem Team aktuell feststellen oder kürzlich erlebt haben. Beantworten Sie dazu die folgenden drei Fragen:

- Welche typischen Konfliktanzeichen stellen Sie fest?
- Welche Ursachen könnte dieser Konflikt haben?
- Welcher Konfliktart ordnen Sie diesen Konflikt zu?

2 Konflikte austragen

Lernziele Nach der Bearbeitung dieses Kapitels können Sie ...

- typische Merkmale von heissen und von kalten Konflikten nennen.
- die inneren Absichten beschreiben, die das Konfliktverhalten steuern.
- die fünf Konfliktstile anhand von Beispielen bestimmen.

Schlüsselbegriffe Absichten durchsetzen, Beziehungsebene, Frieden, gemeinsame Problemlösung, heisser Konflikt, kalter Konflikt, Kompromiss, Konfliktstil, Konfliktstrategie, Konfliktverhaltensmuster, Nachgeben, Sachebene, Sieg, Unterwerfung, Verdrängen

Wahrscheinlich haben Sie dies auch schon erlebt: In einer Konfliktsituation verliert eine Person die Nerven, wird laut oder weint. Die andere hingegen bleibt trotz der spürbar gereizten Stimmung betont sachlich und ruhig. Allerdings wäre es trügerisch, daraus zu schliessen, der Konflikt gehe wohl eher von der emotionaleren Person aus oder die vermeintlich vernünftigere Person trage bestimmt mehr zu seiner Lösung bei.

In diesem Kapitel beleuchten wir typische Merkmale der Konfliktaustragung: die Gefühle in Konflikten, das Konfliktklima, die inneren Absichten, die das Konfliktverhalten steuern, und die individuellen Konfliktstile.

2.1 Konfliktbegleitende Gefühle

Konflikte werden immer auf zwei Ebenen ausgetragen:

- Auf der **Sachebene** als Fakten, Argumente, Aussagen und offen gezeigtes Verhalten. Sie bildet die sichtbare «Spitze des Eisbergs».
- Auf der **Beziehungsebene** als verborgene Gedanken oder Gefühle wie Angst, Wut, Eifersucht, Neid, Hass usw., die das Konfliktverhalten antreiben.

Je länger ein Konflikt fortwährt, desto stärker wird er von den Wahrnehmungen auf der Beziehungsebene beherrscht und werden die Wahrnehmungen auf der Sachebene verdrängt. Diese Gefühle verpacken wir jedoch oft in vermeintliche Sachanliegen, indem wir nach messbaren Beweisen, Beispielen oder Fakten suchen. Das Eisbergmodell zeigt diese Dynamik zwischen der Sach- und der Beziehungsebene eindrücklich auf.

Abb. [2-1] Eisberg in Konflikten (Sach- und Beziehungsebene)

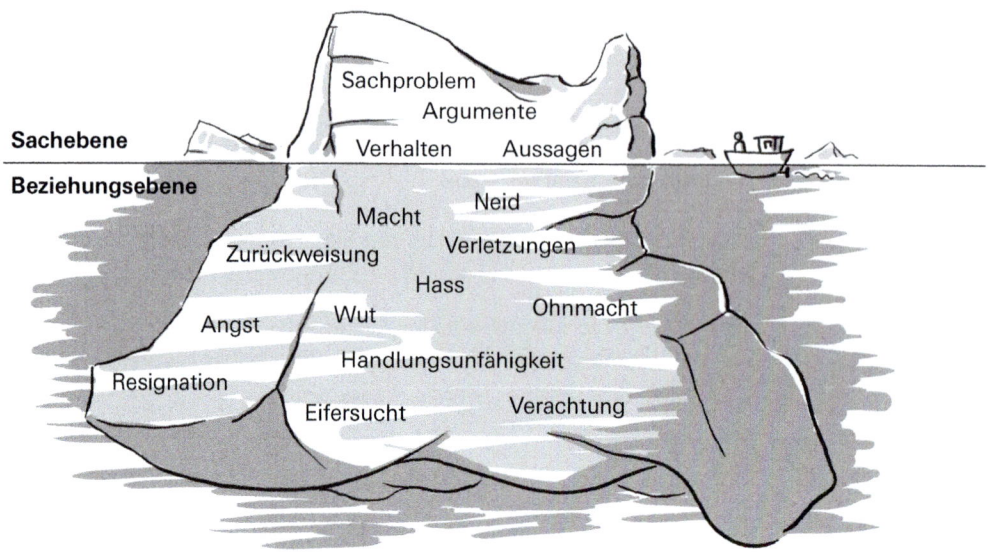

Konflikte zählen zu den Stresssituationen, in denen die einen Menschen ihre Gefühle offen zeigen, die anderen sie jedoch verdeckt halten und sich möglichst nichts anmerken lassen wollen. Ob diese Verhaltensmuster angeboren oder durch das persönliche Umfeld und die eigenen Erfahrungen geprägt sind, lässt sich nicht abschliessend beantworten.

Abb. [2-2] **Verdeckte und offene Gefühlsregungen**

Verdeckte Gefühlsregungen	Offene Gefühlsregungen
• Vergessen • Schweigen • Sich entziehen • Flucht in die Krankheit • Verleumdung • Auflaufen lassen • Usw.	• Aufbegehren • Kränken • Weinen • Aggressionen • Besserwisserei • Missachtung • Usw.

In unserer Kultur sind Gefühlsausbrüche eigentlich unerwünscht. «Man» schreit nicht, vergreift sich nicht im Ton, schlägt keine Türen zu, beginnt nicht zu weinen, sondern verhält sich korrekt und bleibt logisch, sachlich und vernünftig. Wenn im Konfliktfall einer Partei diese Idealvorstellung von Vernünftig-Bleiben nicht gelingen will, leidet sie oft zusätzlich unter ihrer angeblichen «Schwäche». Vernunftbetonte Ratschläge wie «Nimm dir das nicht so zu Herzen, bleib lieber sachlich und warte erst einmal ab» bewirken darum leicht das Gegenteil.

2.2 Heisse und kalte Konflikte

Die Emotionen der Konfliktparteien bestimmen das Klima, in dem sie einen Konflikt austragen, unabhängig von der Art des Konflikts und von der Anzahl der beteiligten Personen. Im einen Fall werden hitzige Kämpfe ausgefochten, im anderen Fall geht es frostig zu und her.

Dieses vorherrschende Klima zwischen den Konfliktparteien kann «heiss» oder «kalt» sein:

- Heisse Konflikte verbreiten eine Atmosphäre der Überaktivität und Überempfindlichkeit um sich.
- Kalte Konflikte schaffen ein Klima der Lähmung und gegenseitigen Blockade.

Die Emotionen richtig zu erkennen, die das Konfliktklima bestimmen, ist wichtig für die Konfliktbewältigung.

HEISSER KONFLIKT   KALTER KONFLIKT

2.2.1 Heisse Konflikte

Bei heissen Konflikten ereifern sich die Parteien und **streiten** heftig miteinander. Jede Seite findet ihren Standpunkt den besseren und will die andere davon überzeugen. Stellt sich die Gegenpartei dagegen, ist eine harte **Konfrontation** unumgänglich. Man sieht sich gezwungen, seine Ideale zu verteidigen, und zwar um jeden Preis. Unter den Konfliktparteien verbreitet sich eine **explosive Stimmung**.

Beispiel Zwischen dem Produktionsleiter und dem Controller des Unternehmens kommt es immer wieder zu heftigen Auseinandersetzungen. Der Controller fordert vom Produktionsleiter klarere Informationen, um nach zusätzlichen Kosten- und Prozessoptimierungen in der Produktion zu suchen. Dies sei schliesslich seine Aufgabe. – Der Produktionsleiter sieht dies ganz anders: «Solange ich meine Kostenbudgets im Griff habe, lasse ich mir von einem unerfahrenen Theoretiker doch nicht sagen, wie ich meinen Geschäftsbereich zu führen habe!»

Heisse Konflikte leiden an einem «**Handlungs-Überangebot**» der Parteien.[1] Diese möchten mehr Mitstreitende gewinnen und sind folglich auf **Expansionskurs**. In heissen Konflikten besteht auch die Tendenz zur **Führungszentrierung**: Jede Seite schart sich um eine Persönlichkeit, die als Wortführende für ihre Ideen und Ideale dient.

2.2.2 Kalte Konflikte

Konflikte werden nicht immer heftig ausgetragen oder nehmen spektakuläre oder gar dramatische Formen an. In kalten Konflikten erliegen offene, direkte Auseinandersetzungen sarkastischen oder zynischen Äusserungen. Von aussen ist ein **Erlahmen** und **Erstarren** beobachtbar. Die Konfliktparteien sind voneinander **frustriert** und desillusioniert und zweifeln gleichzeitig an sich selbst. Die Stimmung ist von gegenseitiger Entfremdung, Kälte und Leere geprägt und kann sich leicht auch auf andere Personen übertragen, die am Konflikt nicht beteiligt sind.

Der direkte Kontakt wird wenn möglich vermieden. An seine Stelle tritt eine **indirekte, formale Kommunikation**: Man achtet z. B. peinlich genau auf das Einhalten von Regeln und Dienstwegen. Eine Organisation kann so in ihren formalisierten Abläufen ersticken und nicht mehr handlungsfähig sein. Kalte Konflikte bewirken oftmals ein **Führungsvakuum**, weil niemand bereit ist, etwas zu unternehmen. Daher sind sie oft **viel zerstörerischer** als heisse Konflikte.

Trotz der gegenseitigen Blockaden kann es feindselige Aktionen geben, lediglich die Methoden sind weniger offensichtlich. So verstossen die Konfliktparteien etwa gegen den Anstand oder die geltenden Verhaltensregeln, **tarnen ihre Angriffe** jedoch geschickt. Sie wollen den Gegner empfindlich treffen, ohne dass sie dessen bezichtigt werden können. Während sich die Konfliktparteien hinsichtlich ihrer Motive nichts vormachen, kümmern sie sich nicht darum, was sie mit ihren Handlungen bewirken.

Beispiel Zwei Teilprojektleiterinnen gehen sich immer mehr aus dem Weg. Sie «vergessen», einander wichtige Informationen weiterzuleiten, und jede Seite versucht heimlich, die andere auflaufen zu lassen. Dabei nutzen sie auch ihren Stellenwert im Gesamtprojekt aus und spielen die Projektmitarbeitenden gegeneinander aus. – Das Projekt gerät immer mehr ins Stocken und das Arbeitsklima sowohl in den Teilprojektteams als auch im Gesamtprojektteam verschlechtert sich erheblich.

---

[1] Glasl, Friedrich: Konfliktmanagement, Bern 2011.

2.3 Konfliktverhaltensmuster

Die inneren Absichten, die wir im Konfliktverhalten austragen, werden von der persönlichen Einstellung und von Erfahrungen aus früheren Konfliktsituationen geprägt. Man unterscheidet drei typische Konfliktverhaltensmuster: konfliktscheu, konfliktfähig und streitlustig. Das mittlere, konfliktfähig, dient einer konstruktiven Konfliktlösung natürlich am besten.

Abb. [2-3]   Konfliktverhaltensmuster

Konfliktverhalten	Typische Aussagen
Konfliktscheu	• «Konflikte kosten nur Kraft, deshalb: Hände weg davon!» • «Offene Konflikte zerstören unnötig vieles!» • «Konflikte vertiefen nur die Gegensätze, denn im Grunde genommen sind die Differenzen nicht lösbar!»
Konfliktfähig	• «Aggressionen sind Energien: Ich leite sie positiv um!» • «Konflikte helfen, sich von ‹Überholtem› zu lösen!» • «Das Arbeiten an den Unterschieden bereichert alle Beteiligten!»
Streitlustig	• «In Konflikten erlebe ich mich selbst – sie steigern meine Vitalität!» • «Nur aus Chaos entsteht wirklich Neues!» • «Ein Konsens ist oft nur eine Illusion, denn: ‹Der Krieg ist der Vater aller Dinge!›»

2.4 Konfliktstrategien

Wir entwickeln unsere persönliche Konfliktstrategie aufgrund dieser inneren Absichten und unserer Einschätzung, welches Verhalten in einem bestimmten Fall wohl Erfolg bringen könnte.

Konfliktstrategien zeigen zwei einander entgegengesetzte Grundausrichtungen:

1. Auf die Interessen der anderen ausgerichtet: Im Vordergrund steht die Orientierung an den Zielen der Gegenpartei, um dadurch einen Frieden zu erreichen.
2. Auf die eigenen Interessen ausgerichtet: Im Vordergrund steht die Orientierung an den eigenen Zielen, um dadurch einen Sieg zu erreichen.

Am liebsten möchten wir beides erreichen: uns auf die Interessen der anderen ausrichten und ebenso unsere eigenen Interessen durchsetzen. Doch geht das oftmals nicht, woraus sich ein wichtiges Merkmal der Konfliktaustragung ergibt: Jede Konfliktpartei hält sich selbst für konstruktiver als die Gegenseite. Wenn diese nur nicht so darauf versessen wäre, ihre Interessen durchzusetzen, die aber vollkommen ungerechtfertigt sind und daher zu Recht bekämpft werden müssen!

2.5 Individueller Konfliktstil

Der individuelle Konfliktstil bewegt sich zwischen den beiden genannten Grundausrichtungen von Konfliktstrategien. Bei genauerem Betrachten ergeben sich fünf Konfliktstile, auf die wir nachfolgend näher eingehen:

1. Eigene Absichten durchsetzen (9/1)
2. Nachgeben um des lieben Friedens willen (1/9)
3. Den Konflikt nicht wahrhaben wollen (1/1)
4. Kompromiss aushandeln (5/5)
5. Gemeinsame Problemlösung (9/9)

Abb. [2-4]   Fünf Konfliktstile (nach Berkel)

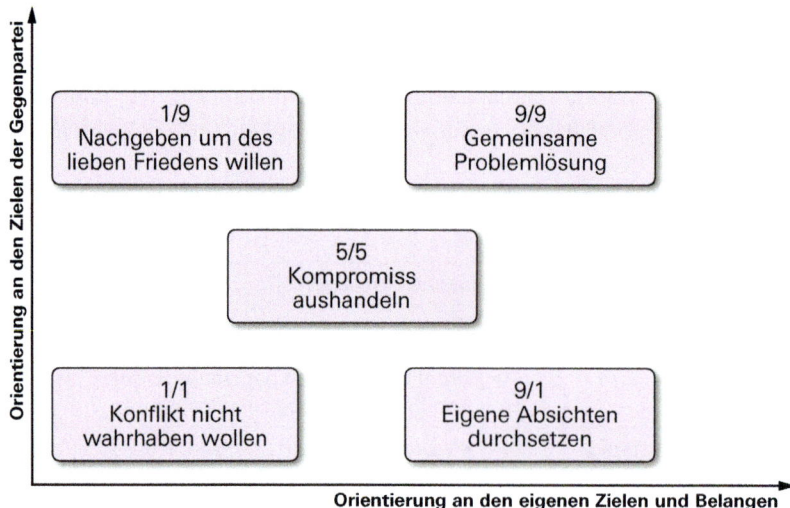

Quelle: Berkel, Karl: Konflikttraining, Heidelberg 2010

2.5.1 Eigene Absichten durchsetzen (9/1)

Wollen wir unsere Absichten durchsetzen, nehmen wir in Kauf, dass wir dies unter Umständen auch **auf Kosten der Gegenpartei** tun. Wir kämpfen für unsere Ziele und Belange und lassen uns nicht davon abbringen.

Als Mittel zur Durchsetzung dienen uns je nach Situation die Argumentation, Überredung oder Belehrung – aber auch die Druckausübung: Wir berufen uns auf die eigene Stellung oder drohen sogar Sanktionen an.

Wenn eine Konfliktpartei nur auf die eigenen Ziele und Belange bedacht ist, kommt für sie einzig «**Sieg oder Niederlage**» infrage. Siegreich aus einem Konflikt hervorzugehen, mag im Moment befriedigen. Aber ob dies auf lange Sicht auch zutrifft, bleibt offen. Wer zu oft nur auf die eigenen Interessen schaut und sich gegen andere durchsetzt, schafft sich mit Sicherheit viele **Feinde**. Eine solche Person gilt als egoistisch, rücksichtslos und läuft Gefahr, dass andere nur darauf warten, dass sie einen Fehler begeht und angreifbar wird.

Abb. [2-5]   Eigene Absichten durchsetzen (9/1)

Äusserungsformen	Überredung, Kampf, Aggression, Befehl, Machtausübung
Beispiele	• Im Nachbarschaftsstreit: «Wir sehen uns vor Gericht!» • Vorgesetzter: «Hier bin ich der Chef. Tun Sie also gefälligst, was ich Ihnen sage!» • Kollegin: «Glaube ja nicht, du kommst damit bei mir durch!» • Lebenspartner: «Ich warne dich, überlege dir sehr gut, ob …»

2.5.2 Nachgeben um des lieben Friedens willen (1/9)

Als Gegenpol zum Kampf streben wir durch das Nachgeben nach **Frieden und Harmonie**. Wir ziehen es vor, uns unterzuordnen, uns anzupassen und nachzugeben, um die Beziehung zum anderen nicht zu gefährden. Auf Dauer schwächt dieses Verleugnen unserer Bedürfnisse und Interessen allerdings unser Selbstbewusstsein und bewirkt einen Teufelskreis.

Möglicherweise können wir es uns auch gar nicht leisten, mit der anderen Konfliktpartei zu streiten, weil diese in einer **mächtigeren Position** ist. Über den Konflikt hinwegsehen und nachgeben dient hier der eigenen Absicherung. Man kann jedoch auch aus **taktischen Gründen** eine Niederlage einstecken, weil es einem nicht wert ist, sich durchzusetzen.

Abb. [2-6]   Nachgeben um des lieben Friedens willen (1/9)

Äusserungsformen	Gehorchen, Anpassung, Unterwerfung, Einigung um jeden Preis
Beispiele	• Kollege: «Du hast sicher recht. Lass uns nun aber diese Sache lieber begraben.» • Vorgesetzter: «Lassen Sie mich bitte nicht im Stich, ich habe das doch nicht so gemeint.» • Im Nachbarschaftsstreit: «Wenn Sie meinen, ist das sicher in Ordnung so. Am wichtigsten ist mir, dass wir weiterhin gut miteinander auskommen.»

2.5.3 Den Konflikt nicht wahrhaben wollen (1/1)

Es gibt Menschen, die nichts hören und nichts sehen (wollen); sie scheinen gar nicht mitzubekommen, was sich vor ihren Augen abspielt. Für sie ist schlichtweg **kein Konflikt vorhanden**. Sprechen wir sie dennoch darauf an, argumentieren sie gerne sachlich und logisch dagegen. Der möglicherweise einfachste, aber auch folgenschwerste Weg aus einem Konflikt ist, ihn zu **verdrängen**. Dadurch wird ein Konflikt aber keineswegs gelöst, sondern lediglich auf einen späteren Zeitpunkt vertagt. Womöglich hat er sich dann schon so weit entwickelt, dass er kaum noch lösbar ist.

Eine weitere Form der **Verweigerung** ist, den Konflikt unter den Teppich zu kehren, weil es ihn nicht geben darf. Entsprechend verharmlosen, vertuschen oder unterdrücken wir die Konfliktanzeichen. Oft bewirkt dies jedoch das Gegenteil: Unser Verdrängen schürt den Konflikt sogar und überlässt ihn einer Eigendynamik, die immer weniger kontrollierbar ist. Er mag lange schwelen, um plötzlich mit grosser Heftigkeit auszubrechen – und dies nicht selten aus einem banalen oder harmlosen Anlass.

Von einer Person in einer **verantwortungsvollen Rolle**, z. B. der Führungsrolle, wird erwartet, dass sie sich um Konflikte in ihrem Verantwortungsbereich kümmert. **Passivität** kann sich hier als besonders negativ erweisen. Die Glaubwürdigkeit und der Respekt gehen verloren, wenn sich eine Führungsperson bei folgenschweren Auseinandersetzungen vornehm zurückhält, auf ein Wunder wartet oder gar «abtaucht».

Abb. [2-7]   Konflikte nicht wahrhaben wollen (1/1)

Äusserungsformen	Vermeidung, Verdrängung, Verharmlosung, Verleugnung, Verzicht
Beispiele	• Vorgesetzte zum Team: «Ach, tut doch nicht so kompliziert, arbeitet einfach weiter!» • Lebenspartnerin: «Aber wir lieben uns doch, uns geht es finanziell gut …» • Im Nachbarschaftsstreit: «Ich habe keine Ahnung, was Sie meinen …»

2.5.4 Kompromiss aushandeln (5/5)

Kompromisse aushandeln heisst, nach einer für alle **akzeptablen Lösung** zu suchen, selbst um den Preis, dass niemand ganz zufrieden ist. Man ist sich im Klaren, dass jede Konfliktpartei zu **Zugeständnissen** bereit sein muss, und sieht in der getroffenen Regelung auch die Vorteile für sich selbst.

Oft beginnen Konfliktparteien erst mit dem Aushandeln von Kompromissen, nachdem sie festgestellt haben, dass eine **Pattsituation** herrscht. Sie haben eingesehen, dass sie ihre Interessen nicht durchsetzen können. Als **fauler Kompromiss** sind vermeintliche Lösungen zu verstehen, mit denen keine Partei zufrieden ist. Entsprechend fragt sich, wie nachhaltig eine solche Lösung ist.

Abb. [2-8] Kompromiss aushandeln (5/5)

Äusserungsformen	Verhandlung, Vor-/Nachteile abwägen, Zugeständnisse
Beispiele	• Vorgesetzte zum Team: «Beide Seiten haben etwas davon, wenn wir uns in dieser Frage annähern …» • Lebenspartner: «Ich bin bereit, das für dich zu tun, erwarte dafür aber von dir …» • Im Nachbarschaftsstreit: «Suchen wir doch nach dem kleinsten gemeinsamen Nenner.»

2.5.5 Gemeinsame Problemlösung (9/9)

Die gemeinsame Problemlösung ist das Ideal. Sie geschieht durch Verhandlungen, wobei sich beide Parteien gleichermassen ernst nehmen und eine tragfähige Basis für längerfristige Zusammenarbeit aufbauen wollen. Dazu braucht es Verständnis, einen offenen Austausch über die verschiedenen Standpunkte und Respekt für die Schlüsselanliegen der anderen Partei. Bei der gemeinsamen Problemlösung entsteht eine Gewinner-Gewinner-Situation (Win-win-Situation).

Abb. [2-9] Gemeinsame Problemlösung (9/9)

Äusserungsformen	Miteinander reden, Kooperation, Interessenausgleich
Beispiele	• Das Team sucht gemeinsam nach möglichen Lösungen für den Teamkonflikt. • Ein Paar sucht einen Mediator auf, um sich über die Beziehungsprobleme offen auszusprechen und gemeinsam Lösungsansätze zu entwickeln.

2.5.6 Anmerkungen zum individuellen Konfliktstil

Grundsätzlich gibt es nicht den optimalen Konfliktstil, jede Situation fordert einen anderen Stil. Konfliktkompetenz bedeutet denn auch, einen für die Situation geeigneten Konfliktstil anzuwenden. Es geht also nicht darum, seinen bevorzugten Konfliktstil immer wieder anzuwenden, sondern zwischen verschiedenen Konfliktstilen zu variieren, um dadurch möglichst situationsgerecht reagieren zu können.

Trotzdem entwickelt jeder Mensch seine bevorzugten Konfliktstile. Im Lauf der Zeit lernen wir aufgrund von Erfahrungen, welcher Stil uns am besten liegt. Falls dieser uns nicht weiterbringt, wechseln wir gewöhnlich zu einem anderen, ebenfalls vertrauten Konfliktstil. Aus dieser Abfolge entwickeln wir ein Konfliktverhalten, das uns Nahestehende als «typisch» zuschreiben.

Zusammenfassung

Konflikte finden immer auf zwei Ebenen statt:

- Auf der Sachebene: im gezeigten Verhalten, in Äusserungen bzw. Argumenten
- Auf der Beziehungsebene: Wahrnehmungen und Gefühle, die verdeckt bleiben

Die Gefühle, die im Konflikt aufkommen, werden verdeckt oder offen gezeigt und bestimmen das Klima zwischen den Konfliktparteien:

- Heisser Konflikt: Die Parteien streiten heftig und offen miteinander. Sie sind übermotiviert. Es entsteht eine Führungszentrierung.
- Kalter Konflikt: Die Parteien blockieren und behindern sich. Sie sind frustriert und desillusioniert und meiden die direkte Kommunikation. Es entsteht ein Führungsvakuum.

Die persönliche Einstellung und Erfahrungen aus früheren Konfliktsituationen prägen das Konfliktverhaltensmuster: Man ist konfliktscheu, konfliktfähig oder streitlustig.

Die **Konfliktstrategie** wird von den inneren Absichten und der Einschätzung des am meisten Erfolg versprechenden Verhaltens beeinflusst:

- Sich auf die Interessen der anderen ausrichten.
- Sich auf die eigenen Interessen ausrichten.

Aus diesen Absichten lassen sich **fünf Konfliktstile** ableiten:

1. Eigene Absichten durchsetzen (auf Kosten der Gegenpartei)
2. Nachgeben um des lieben Friedens willen (auf Kosten der eigenen Interessen)
3. Konflikt nicht wahrhaben wollen (auf Kosten einer baldigen Konfliktlösung)
4. Kompromiss aushandeln (zwischen den eigenen und den fremden Interessen)
5. Gemeinsame Problemlösung (Abgleich der Interessen für eine Win-win-Lösung)

Repetitionsfragen

6 Ordnen Sie die folgenden Wahrnehmungen der zutreffenden Ebene des «Eisbergs» zu.

A] «Ich ärgere mich immer wieder über den falschen Ehrgeiz meines Arbeitskollegen.»

B] «Ich fürchte, auf Ablehnung zu stossen, wenn ich die bisherigen Arbeiten in unserem Team kritisiere.»

C] «Ich lege meinen Standpunkt offen dar und begründe ihn mit Argumenten.»

D] «In unserem Team kommt es nicht gut an, wenn sich jemand in den Vordergrund drängt und sich besonders profilieren will.»

7 Handelt es sich bei den folgenden Beispielen um einen heissen oder einen kalten Konflikt?

A] Zwischen zwei Nachbarn ist ein Streit über die Gartenhecke ausgebrochen. Sie verkehren nur noch über ihre Anwälte miteinander.

B] Ihre Teilnahme an den Teamsitzungen beschreibt Tamara so: «Ich habe es längst aufgegeben, etwas zu sagen. Es nützt sowieso nichts!»

C] Zum wiederholten Mal beansprucht Noah ein Sitzungszimmer für ein Lieferantengespräch, ohne es vorher für sich reserviert zu haben. Kaum zurück im Büro kommt Sabine an seinen Platz: «Wenn du es noch einmal wagst, mein Sitzungszimmer zu benutzen, werfe ich dich und deine Gäste eigenhändig raus!»

8 Welcher Konfliktstil kommt hier zum Ausdruck?

A] Lernende zu ihrem Berufsbildner: «Wenn Sie mich wieder zum Kaffee-Einkaufen schicken, melde ich das der zuständigen Behörde!»

B] Hanspeter hat immer häufiger Probleme mit seiner Lebenspartnerin. Er verbringt deshalb seine Freizeit vermehrt im Fussballklub.

C] Rosanna gilt als eine sehr zuverlässige Mitarbeiterin. Wenn wieder einmal eine «Feuerwehrübung» ansteht, hilft sie immer mit. Rosanna meint dazu: «Lieber verschiebe ich einen netten Abend mit Freunden, als wochenlangen Ärger mit dem Chef zu riskieren ...»

9 Auf welchen Konfliktstil treffen die folgenden Äusserungen zu?

A] Vor- und Nachteile gegeneinander abwägen

B] Opportunismus

C] Verzichten

D] Vorbeugen

E] Macht ausüben

Praxisaufgaben

1 Mein Konfliktstil

Nachfolgend finden Sie vier Fragen zu Ihrem Konfliktverhalten.

- Lesen Sie jede Frage und die dazugehörigen fünf Antworten.
- Entscheiden Sie sich für jene Antwort, die am ehesten auf Sie zutrifft, und kreuzen Sie diese an. Orientieren Sie sich dabei möglichst nicht an Ihrem Wunschbild, sondern an der Realität Ihres Konfliktverhaltens.

Nr.	Testfragen	X
1	**Jeder Konflikt wühlt auch die Gefühle der Beteiligten auf. Wie würden Sie Ihre Gefühle in Konfliktsituationen beschreiben?** a) Es macht mir richtig Spass, wenn ich meinen aufgestauten Gefühlen Luft machen kann. b) Konflikte stimmen mich ernst. Ich mache mir Gedanken, was wohl die anderen denken oder meinen. c) Ich bin frustriert, denn entweder ärgere ich mich oder ich resigniere. Zu einer wirklichen Lösung kann ich doch nichts beitragen. d) Ich habe schon Spass daran, aber die Gefühle dürfen nicht zu heftig werden. e) Ich habe oft Angst davor. Offene Aussprachen sind nicht möglich, ohne den anderen zu verletzen.	
2	**Sie ärgern sich aus irgendeinem Grund über einen Freund. Was tun Sie?** a) Ich sage ihm, weshalb und worüber ich mich ärgere. Dann frage ich ihn, wie ihm nun zumute ist. b) Ich ärgere mich am meisten darüber, dass es ihm gelungen ist, mich so in Wut zu bringen. Ich gehe ihm deshalb aus dem Weg, bis ich wieder ruhiger geworden bin. c) Wenn ich wütend bin, dann explodiere ich, ohne viel zu fragen. d) Ich habe Angst davor, in Wut zu geraten. Sie könnte mich verleiten, etwas zu tun, was ich später bereue. Deshalb versuche ich, den Ärger zu verdrängen und gerade das Gegenteil von dem zu tun, wozu mich der Ärger antreibt. e) Eine richtige Wut ist für alle gut, solange niemand verletzt wird.	
3	**Eine Besprechung zieht sich immer mehr in die Länge, weil ein Kollege auf seinen Einwänden beharrt. Was tun Sie?** a) Ich trete dafür ein, dass er seine Einwände vorbringen kann. Wenn er die Gruppe nicht zu überzeugen vermag, sollte er sich der Mehrheitsmeinung anschliessen. b) Ich versuche herauszufinden, weshalb der Kollege das Problem anders als die Gruppe sieht. Wir können dann nochmals unsere Argumente aus seiner Sicht betrachten und ihn besser verstehen. c) Solche Meinungsverschiedenheiten lähmen eine Gruppe. Ich dränge die anderen dazu, zu angenehmeren Tagesordnungspunkten überzugehen. d) Der Kollege behindert unsere Arbeit. Ich sage das offen und verlange, dass wir notfalls ohne ihn weitermachen. e) Ich halte mich heraus, wenn andere streiten. Soll doch jeder sehen, wie er seine Meinung selbst durchsetzen kann.	
4	**Gruppen müssen häufig Entscheidungen mit anderen Gruppen absprechen und koordinieren. Nach welchen Gesichtspunkten wählen Sie einen Gruppensprecher?** a) Er soll unsere Meinung am besten vertreten können, aber gleichzeitig auch flexibel genug sein, um unsere Position im Licht der Argumente der anderen Gruppen so zu revidieren, dass eine optimale Entscheidung herauskommt. b) Er sollte unsere Position geschickt vertreten, aber alles vermeiden, was uns in eine Zwickmühle bringen könnte. c) Er soll kooperativ, freundlich und zurückhaltend sein, um Konflikte mit anderen Gruppen zu vermeiden. d) Er sollte hart verhandeln, keine Zugeständnisse machen und unseren Standpunkt maximal durchsetzen. e) Ich würde jenen bevorzugen, der von vornherein auf Kompromisse eingeht.	

Quelle: Berkel, Karl: Konflikttraining, Heidelberg 2010

Auswertung

- Übertragen Sie die Kreuze in die Auswertungstabelle.
- Zählen Sie die Kreuze pro Spalte zusammen und tragen Sie sie als Total ein.

Frage	9/9	5/5	1/9	9/1	1/1
1	b)	d)	e)	a)	c)
2	a)	e)	d)	c)	b)
3	b)	a)	c)	d)	e)
4	a)	e)	c)	d)	b)
Anzahl X					

Die Auswertung besagt Folgendes: Der Konfliktstil **mit den meisten Kreuzen** ist der von Ihnen **bevorzugte Konfliktstil**.

Selbstreflexion

Sind Sie von der Auswertung überrascht oder haben Sie dieses Ergebnis erwartet?

Notieren Sie Ihre spontanen Gedanken zur Auswertung Ihres Konfliktstils.

3 Eskalation eines Konflikts

Lernziele	Nach der Bearbeitung dieses Kapitels können Sie … • die neun Eskalationsstufen der entsprechenden Phase eines Konflikts zuordnen. • anhand typischer Merkmale die Eskalationsstufe eines Konfliktfalls einschätzen.
Schlüsselbegriffe	Abgrund, begrenzte Vernichtungsschläge, Debatte, Demaskierung, Drohstrategie, Eskalationsstufen, Koalition, Lose-lose, Taten statt Worte, Verhärtung, Win-lose, Win-win, Zersplitterung

«Um einen Stein zu zertrümmern, braucht man einen Hammer, um eine kostbare Vase zu zerbrechen, genügt eine flüchtige Bewegung; aber um das Herz eines Menschen zu treffen, genügt oft ein einziges Wort.» (Eugen Drewermann, deutscher Theologe)

Auseinandersetzungen entwickeln oft eine **verhängnisvolle Eigendynamik:** Kleine Reibereien und Spannungen wachsen zu intensiven Konflikten an, die Konfliktparteien schaukeln sich gegenseitig hoch und verlieren sich in der Konfliktdynamik, wenn nicht eingegriffen wird. Analog dem Verlauf einer Krankheit verläuft ein Konflikt in Stufen, die durch verschiedene Symptome gekennzeichnet sind. Wird die Krankheit nicht geheilt bzw. der Konflikt nicht gelöst, weitet er sich aus – er eskaliert, d. h., er spitzt sich zu.

Um einen Konflikt richtig einzustufen, müssen wir dessen **Symptome** erkennen und bewerten. So holen wir die am Konflikt Beteiligten dort ab, wo sie aktuell stehen, und schaffen damit die Grundlage für das Entwickeln von Lösungsstrategien. Es geht auch darum, zu verhindern, dass die Konfliktparteien eine Stufe weiter geraten.

3.1 Drei Hauptphasen

Ein Konflikt kann in drei Hauptphasen unterteilt werden. Sie geben wichtige Hinweise auf das geeignete Vorgehen in der Konfliktbewältigung.

Abb. [3-1] **Hauptphasen eines Konflikts**

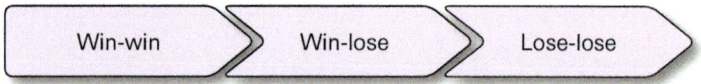

Phase 1: Win-win	Es geht immer noch um das Wohlergehen aller Beteiligten. Die Konfliktparteien sind überzeugt, den Konflikt selbstständig so konstruktiv lösen zu können, dass eine **Gewinner-Gewinner-Situation** entsteht (Win-win).
Phase 2: Win-lose	In dieser Phase wird klar, dass nur noch eine Partei gewinnen kann. Beide Parteien bemühen sich deshalb, selbst zu gewinnen, und streben somit eine **Gewinner-Verlierer-Situation** (Win-lose) an. Darum ist professionelle Hilfe von aussen für eine konstruktive Konfliktlösung notwendig.
Phase 3: Lose-lose	Beide Parteien sind mittlerweile so sehr mit sich selbst beschäftigt, dass ihnen nicht bewusst ist, dass niemand gewinnen kann und eine **Verlierer-Verlierer-Situation** (Lose-lose) herrscht. Es geht nur noch darum, weniger Schaden als die Gegenpartei zu erleiden. In dieser destruktiven Situation ist professionelle Hilfe von aussen unumgänglich, die unter Umständen auch Massnahmen gegen den Willen der Konfliktparteien durchsetzen muss.

3.2 Neun Eskalationsstufen

Die Steigerung der Konfliktintensität erfolgt stufenweise. Jede Stufe ist durch einen Wendepunkt markiert, der als eine **kritische Schwelle** erlebt wird. Normalerweise ist den Konfliktparteien klar, dass es schwierig oder unmöglich ist, auf der Eskalationstreppe wieder zurückzugelangen auf eine tiefere Stufe. Aus diesem Grund bemühen sie sich, die jeweilige Schwelle wenn möglich nicht selbst zu überschreiten. Schliesslich wollen sie sich von der Gegenseite nicht vorwerfen lassen, an der weiteren Eskalation schuld zu sein.

Den Konfliktparteien ist bewusst, dass sie eine **weitere Konfliktstufe verhindern** müssen, wenn ihnen an einer Konfliktlösung liegt. Tun sie dies nicht, nimmt der Konflikt seinen unheilvollen Verlauf. Die Sichtweise schränkt sich immer mehr ein, damit verbunden schwindet auch die Fähigkeit, andere Sichtweisen einzunehmen. Das führt Stufe um Stufe zu einer Verschlimmerung (Eskalation) des Konflikts.

Die drei beschriebenen Hauptphasen **Win-win**, **Win-lose** und **Lose-lose** lassen sich weiter unterteilen in insgesamt neun Eskalationsstufen.

Abb. [3-2] **Neun Eskalationsstufen nach Friedrich Glasl**

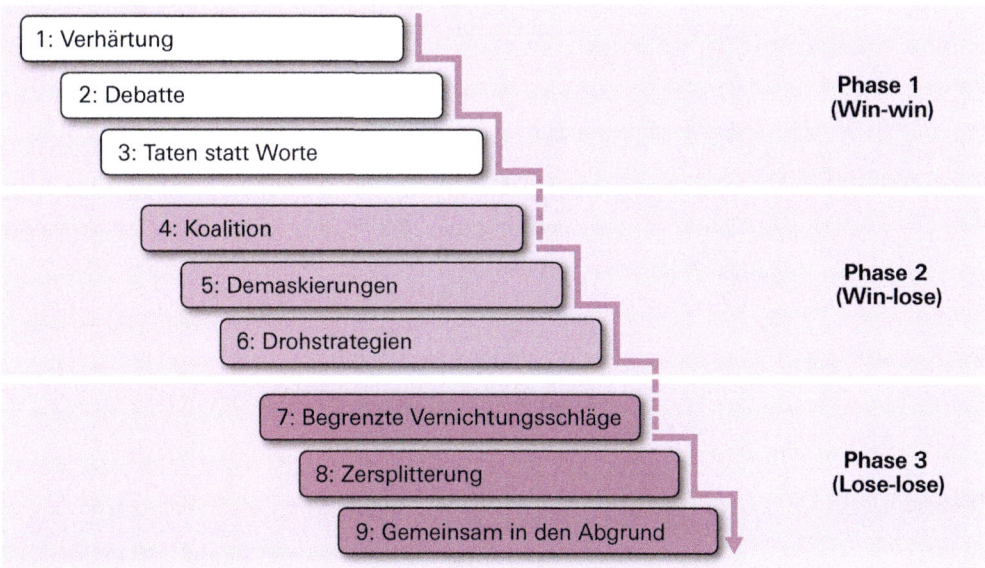

Quelle: Glasl, Friedrich: Konfliktmanagement, Bern 2011

Die typischen Merkmale der neun Eskalationsstufen stellen wir Ihnen in den folgenden Abschnitten näher vor. Ausserdem verwenden wir ein Beispiel über alle neun Stufen, um die Merkmale der einzelnen Stufen und die Dynamik des Konflikts zu verdeutlichen.

3.2.1 Stufe 1: Verhärtung

Zwischen den Konfliktparteien treten Spannungen auf. Man hat **unterschiedliche Auffassungen** zu einem Problem und kann den Standpunkt der Gegenseite **nicht nachvollziehen**. Es besteht der Wille zur fairen Einigung, doch zweifelt man zunehmend, dass der andere ernsthaft an einer Lösung interessiert ist. Das Verhältnis ist getrübt.

Die deutlich spürbaren Verstimmungen müssen jedoch nicht unbedingt auf die erste Konfliktstufe führen. Wenn die Beteiligten **offen und ehrlich** miteinander umgehen, lassen sich viele Konfliktansätze schnell auflösen.

Gelingt das nicht, ist die erste Stufe der Eskalation erreicht. Den Übergang zur nächsten Eskalationsstufe 2 bildet die «Einsicht», dass das Problem wohl nicht durch eine offene und sachliche Diskussion zu lösen ist. Die Positionen **verhärten** sich.

Beispiel

Daniel ist ein junger, aufstrebender und erfolgreicher Mitarbeiter im Verkaufsteam. An einem gemeinsamen Mittagessen hat ihm sein Vorgesetzter Jürg spontan die Projektleitung eines umfassenden Marketingprojekts in Aussicht gestellt.

Inzwischen ist einige Zeit vergangen, ohne dass in Sachen Beförderung etwas passiert wäre. Daniel hat sich davon einiges versprochen und ist inzwischen ein wenig frustriert. Im Beisein seines Chefs verhält er sich nicht mehr so unbeschwert wie bis anhin. Jürg bemerkt dies zwar, schiebt es jedoch anderen Ursachen zu. Ausserdem weiss er, dass Daniel im Team nicht unumstritten ist und dass besonders die erfahreneren Mitarbeitenden im Team die Ernennung von Daniel zum Projektleiter nicht gutheissen würden.

Daniel will die Sache jetzt offen auf den Tisch bringen und stellt seinen Chef zur Rede. Erfolglos, denn Jürg geht nicht auf sein Anliegen ein, sondern bittet ihn, nicht alle Aussagen derart auf die Goldwaage zu legen. Als Daniel auf einer Stellungnahme bezüglich der Beförderungschancen beharrt, beendet Jürg das Gespräch abrupt und spricht ein Machtwort: «Hier bin immer noch ich der Chef und entscheide!»

3.2.2 Stufe 2: Debatte

Konkurrenz und Überheblichkeit bestimmen den Umgang miteinander. Jede Partei ist sich sicher, **im Recht zu sein.** Man beginnt, übereinander schwarz-weiss zu denken, und geht davon aus, dass die Gegenpartei nur ihren eigenen Vorteil sieht. Kompromissbereitschaft gilt als Zeichen der Schwäche, man zeigt ein Imponiergehabe.

Mehr oder weniger versteckte verletzende Äusserungen sind zu vernehmen. Gespräche zwischen den Konfliktparteien muten eher wie **Grundsatzdiskussionen** an. Es werden öffentliche **Debatten um Nebenthemen** geführt. Ziel ist es, die Gegenpartei verbal **unter Druck zu setzen,** indem man versucht, ihr falsche Schlüsse und logische Fehler nachzuweisen.

Die Parteien möchten ihre Beziehung trotzdem aufrechterhalten und eine **gütliche Lösung** anstreben. Sie können einen Konflikt in der Eskalationsstufe 2 darum noch aus eigener Kraft beilegen.

Beispiel

Mit der Unterredung ist für Jürg die Angelegenheit vorerst erledigt. Für Daniel ist sie es keineswegs. Er fühlt sich durch die «Abfuhr» erst recht zurückgesetzt und ist bitter enttäuscht von Jürg. Nun beginnt er, an Jürgs Führungsqualitäten zu zweifeln, und lässt bei Gelegenheit gezielte Bemerkungen dazu bei seinen Teamkollegen fallen.

Auch in der darauf folgenden Verkaufsteamsitzung zeigt Daniel sich von einer neuen Seite: Er stellt einige von Jürgs Entscheidungen demonstrativ infrage und zettelt eine hitzige Grundsatzdiskussion über die geplante Verkaufskampagne an.

3.2.3 Stufe 3: Taten statt Worte

Gelangen die Parteien zur Erkenntnis, dass **Reden nicht mehr weiterhilft,** betreten sie die Eskalationsstufe 3. Den Worten sollen nun Taten folgen. Der **Projektionsmechanismus** setzt ein: Jede Partei erwartet von der Gegenseite genau das, was sie selbst nicht zuzugeben bereit ist. Es herrscht Misstrauen. Nach aussen hin gibt man sich jedoch stark und zielstrebig.

Nonverbales Verhalten wird der offenen Kommunikation vorgezogen. Die Empathie füreinander geht verloren und die Gefahr von **Fehlinterpretationen** und **Schuldzuweisungen** vergrössert sich zusehends. Die Gegenpartei soll in ihrer Zielerreichung behindert werden, um gleichzeitig die eigene voranzutreiben. Ein solches Vorgehen auf beiden Seiten führt zu einer **Blockade.** Man gibt einander die Schuld für die Eskalation und will für die Konsequenzen keine Verantwortung mehr übernehmen.

Die Parteien wissen, dass sie beide die **Klärung** und **Konfrontation** zulassen müssten, um den Konflikt beizulegen. Eine Lösung aus eigenem Antrieb wird aber unwahrscheinlich. Somit verlässt man die Stufe 3, die noch eine Gewinner-Gewinner-Situation herbeiführen könnte.

Der unbedingte Siegeswille führt zum Übergang zur vierten Stufe. Die Konfliktparteien betreten das Feld der **Gewinner-Verlierer-Situationen** (Win-lose).

Beispiel

Daniel geht seinem Chef möglichst aus dem Weg. Er ist frustriert, hat innerlich zu einem Teil bereits gekündigt und sein Engagement auf das absolut Notwendige beschränkt. Mit Argusaugen beobachtet er Jürg und findet immer wieder etwas Negatives an ihm oder seinem Verhalten.

Jürg bemerkt Daniels Veränderung und ist enttäuscht. Ihm kommt der Gedanke, dass die Nichtbeförderung wohl gerechtfertigt war, denn offensichtlich hatte er Daniel als Mitarbeiter überschätzt. Er beschliesst daher, Daniel nicht für das Marketingprojekt einzusetzen, sondern es selbst zu leiten. Er teilt dies Daniel mit und begründet es mit Daniels wenig konstruktivem Verhalten in letzter Zeit.

Daniel trifft diese erneute Zurücksetzung hart. Er wehrt sich mit allerlei Begründungen, steht damit jedoch auf verlorenem Posten. Nun hat er endgültig seine Meinung geändert: Was hat er doch für einen arroganten, ungerechten Chef!

3.2.4 Stufe 4: Koalition

Die Parteien verhalten sich zunehmend **feindselig** und zwängen sich gegenseitig in Rollen, die nicht der Wirklichkeit entsprechen. Das Bild von sich selbst wird gepflegt und hochstilisiert, jenes der Gegenpartei angeschwärzt und herabgesetzt.

Man beschränkt sich mehr und mehr auf die eigene Sichtweise und unterscheidet nur noch zwischen Wahrheit und Lüge, Recht und Unrecht. Da die Gegenseite auf ihrer falschen Meinung beharrt, erscheint sie unangenehmer, unfähiger und inkompetenter denn je. Die **Abwertung der Gegenseite** dient gleichzeitig der **Aufwertung der eigenen Position**. Die Fähigkeit zu einem Perspektivenwechsel geht immer mehr verloren, der Konflikt dreht sich immer stärker um die beteiligten Personen und die Sachebene bleibt dabei auf der Strecke.

Man spricht mittlerweile nicht mehr über den Konflikt, sondern will ihn **publik machen**. Beide Parteien versuchen deshalb, **aussenstehende Verbündete** zu gewinnen und dadurch Koalitionen zu bilden. Dieses Werben um Anhänger wirkt sich jedoch eher negativ für die Parteien aus, da eine Abhängigkeit gegenüber den neu gewonnenen Verbündeten entsteht.

Beispiel

Daniel sucht nun bewusst die Unterstützung bei Dritten. Zuerst bei seiner Bürokollegin Marianne, mit der er sich gut versteht und die ihm ihrerseits einige Ungereimtheiten in Jürgs Führung berichtet. Auch andere ihm wohlgesonnene Teamkollegen wissen mittlerweile Bescheid über Daniels Probleme. Sie bestärken ihn, sich ja nicht unterkriegen zu lassen. Einige von ihnen sehen nun ihren Chef mit anderen Augen: Man darf ihm offenbar nicht immer glauben, was er verspricht …

Jürg spürt die zunehmend abweisende Haltung von Daniel und einem Teil des Teams. An den Sitzungen stellt er ein aggressiveres Gesprächsklima fest, sodass er sich öfters kraft seiner Position als Chef durchsetzen muss. Zwar ärgert er sich darüber, sieht jedoch im Moment keinen anderen Weg. Überdies plagen ihn derzeit grössere Sorgen: Allen Anstrengungen zum Trotz scheint das Verkaufsjahr noch harziger zu werden, als er befürchtet hatte. Mögliche Gegenmassnahmen bespricht er mit jenen Verkaufsmitarbeitenden, die er auf seiner Seite weiss. Dabei kommen öfters auch die Probleme mit Daniel und seinen Kollegen zur Sprache.

3.2.5 Stufe 5: Demaskierungen

Nun erfolgt endgültig eine **Personalisierung des Konflikts.** Die Gegenpartei wird zum **Feindbild** erkoren. Man unterstellt ihr, von Anfang an schlechte Absichten gehabt zu haben, und meint, nun ihr wahres Gesicht zu erkennen. Diese «Erkenntnis» wird auch nicht mehr infrage gestellt. Zwischen den Parteien ist inzwischen jegliches Vertrauen verloren gegangen.

In der Eskalationsstufe 5 wird der **Konflikt idealisiert**. Die Konfliktparteien versuchen, sich gegenseitig zu demaskieren und einen **Gesichtsverlust** zuzufügen, und nehmen dabei auch eine Entwürdigung in Kauf. Dabei geht es längst nicht mehr um die Sache, sondern zunehmend auch um **Werte**. Selbst moralische, politische und religiöse Weltanschauungen müssen als Rechtfertigung dienen.

Beispiel

Am Stammtisch diskutieren Daniel und seine Kollegen immer wieder über dasselbe Thema: Jürgs unprofessionelles Führungsverhalten, sobald nicht alle seiner Meinung seien. Dass der Verkauf in letzter Zeit nicht besonders gut läuft, werten sie als weiteren Beweis für seine Inkompetenz. Sie machen sich Gedanken, wie man Jürg entlarven könnte. Beispielsweise, indem man da und dort ein schlechtes Wort über ihn fallen liesse, wegen der Probleme bei Jürgs Vorgesetzter vorstellig werden könnte oder …

Das angespannte Klima führt Jürg auch auf den Erfolgsdruck zurück, der aufgrund der schlechten Verkaufszahlen im Gesamtteam entstanden ist. Dennoch hegt er einen Verdacht gegen Daniel, der ganz offensichtlich seinen Beitrag zur Vergiftung des Teamklimas geleistet hat und sich nun immer selbstsicherer gibt. Er überlegt sich, wie er Daniels Einfluss bekämpfen könnte.

3.2.6 Stufe 6: Drohstrategien

Auf der Eskalationsstufe 6 beginnt die Androhung von Gewalt in Form von **Strafen** und **Vergeltungsmassnahmen**. Daraus erwachsen Ängste, die Stress und in der Folge Gegendrohungen auslösen. Das ist das Ziel auf dieser Stufe: Die Gegenpartei soll eingeschüchtert werden. Es werden Horrorszenarien entworfen und Ultimaten festgelegt. Die Auseinandersetzung findet nur noch auf der emotionalen Ebene statt, rationales Verhalten gerät ins Hintertreffen. Man setzt sich selbst unter Zugzwang. **Agieren wird zu Reagieren** auf die Aktivitäten der Gegenpartei.

Diese Drohstrategien sind nicht mit Gewalt gleichzusetzen. Sie sind vielmehr ein Zeichen dafür, dass man Gewalt eigentlich gar nicht anwenden will und deshalb noch immer die Kommunikation sucht.

Beispiel

Jürg findet den Draht zu einigen seiner Mitarbeitenden offenbar nicht mehr richtig, was ihm zu schaffen macht. Er fürchtet seinen Autoritätsverlust. Dass er nach wie vor unter einem erheblichen Budgetdruck steht, vergrössert seine Unsicherheit noch zusätzlich. Jürg wirkt immer mehr gestresst, was natürlich nicht verborgen bleibt. Öfters vergreift er sich im Ton. Beispielsweise, als er Daniels Bürokollegin Marianne wegen einer Bagatelle barsch zurechtweist oder als er in einer nächsten Sitzung zum Rundumschlag ausholt, seinem Team einen gewissen Schlendrian unterstellt und ein hartes Durchgreifen ankündigt.

Daniel ergreift die Gelegenheit, seine Gegenposition zu festigen, und stellt sich schützend vor seine Kolleginnen und Kollegen. Vor versammeltem Team fordert er von Jürg eine Entschuldigung für diese ungerechtfertigten Vorwürfe. Einige Tage später spricht seine Vorgesetzte Jürg vage auf mögliche Führungsprobleme an, die ihr gerüchteweise zu Ohren gekommen seien.

3.2.7 Stufe 7: begrenzte Vernichtungsschläge

Auf der Eskalationsstufe 7 steht weder eine Lösung des Konflikts in Aussicht, noch gibt es Chancen auf einen Sieg. Es geht nur noch um die **Begrenzung des eigenen Schadens**. Damit beginnt die Phase der **Verlierer-Verlierer-Situation** (Lose-lose). Nun kann keine Seite mehr gewinnen, es gibt nur noch Verlierer.

Die Anwendung von **Gewalt** wird zum legitimen Mittel der Konfliktbehebung. Die Gegenpartei wird nicht mehr als Person, sondern als Objekt betrachtet und entsprechend behandelt: Man fügt einander in sehr begrenztem Mass Schaden zu und **sabotiert** sich gegenseitig. Zeitweise verläuft die **Kommunikation nur noch einseitig**: Botschaften werden gesendet, aber nicht mehr empfangen.

Beispiel

Jürg sieht seine Autorität durch Daniel systematisch untergraben. Er überlegt sich deshalb, ob er ihm auf der Stelle kündigen soll. Dies unterlässt er schliesslich, weil er sich nicht in eine noch heiklere Führungssituation manövrieren möchte. Jedoch stellt er Daniel aufgrund eines vergleichsweise geringfügigen Fehlers bei der Abwicklung eines Kundenauftrags einen Verweis aus.

Daniel ist nun zu allem bereit. Er wartet auf eine günstige Gelegenheit, seinem Vorgesetzten Schaden zuzufügen. Ein erster Versuch besteht darin, wichtige Kundeninformationen bewusst zurückzuhalten, statt sie direkt und unverzüglich weiterzuleiten.

3.2.8 Stufe 8: Zersplitterung der Existenzgrundlagen

Auf der vorletzten Stufe in der Konflikteskalation kommt es zur aktiven **Schadenszufügung.** Die Gegenpartei soll wenn möglich **handlungs- und steuerungsunfähig** gemacht werden. Jedoch sind sich die Konfliktparteien des Risikos bewusst, das sie damit eingehen: Ein Schädigen der anderen Position kann auch die eigene Position schwächen. Darum bleibt das Ausmass an gegenseitiger Schadenszufügung vorerst noch berechenbar, da beide Parteien in erster Linie überleben wollen.

Beispiel

Die Gelegenheit ist da! Ein heikler, aber sehr wichtiger Kunde will unverzüglich von Jürg kontaktiert werden. Daniel verhindert dies geschickt, sodass wertvolle Tage verloren gehen. Der Kunde ist brüskiert und ein Vertragsabschluss kommt schliesslich nicht zustande. Dies bedeutet für Jürg eine peinliche Niederlage.

Daniel hingegen sieht sich als Sieger und triumphiert, während Jürg zu realisieren beginnt, welch böses Spiel hier mit ihm getrieben wurde. Nun tritt er in Aktion. Er ruft Daniel in sein Büro, brüllt ihn an, droht mit einer fristlosen Kündigung und rechtlichen Schritten. – Ab diesem Moment herrscht ein offener Krieg zwischen den beiden.

3.2.9 Stufe 9: gemeinsam in den Abgrund

Am Ende der Eskalationsspirale, auf der Stufe 9, gibt es für beide Konfliktparteien kein Zurück mehr. Ziel ist die **Vernichtung** der Gegenpartei, und zwar um jeden Preis, auch um jenen der Selbstvernichtung.

Die einzige Genugtuung über die eigene **Niederlage** ist, dass die Gegenpartei ebenfalls mitgerissen und nachhaltig geschädigt wird. Im extremsten Fall enden Konflikte, die diese letzte Eskalationsstufe erreicht haben, im wahrsten Sinne des Wortes fatal, nämlich im Tod.

Beispiel

Für Jürg ist nun klar, dass er Daniel so schnell wie möglich «loswerden» muss. Daniel denkt dasselbe über Jürg: Irgendwie wird es ihm gelingen, Jürg aus seiner Vorgesetztenposition zu hieven, ein für alle Mal. Auch für ihn lautet die Devise: «Er oder ich – oder keiner von beiden!»

Als Daniel schliesslich gekündigt wird, ruft er Schlüsselkunden an, um sich persönlich zu verabschieden. Er schildert ihnen seine Version der Vorkommnisse und stellt Jürg in ein schlechtes Licht.

Das Modell der neun Eskalationsstufen bildet die verhängnisvolle Dynamik in einem Konflikt ab. Je länger diese Dynamik ihren Lauf nimmt und niemand etwas dagegen unternimmt, desto unkontrollierter wird sie und desto mehr Energie verbraucht sie bei allen Beteiligten. Doch verläuft «im richtigen Leben» nicht jeder Konflikt genau so wie in diesem Modell dargestellt. Vielmehr ist es möglich, dass einzelne Stufen übersprungen werden und die Eskalation unglaublich schnell in die Lose-lose-Phase gelangt oder aber dass sie über Wochen oder Monate in einer Stufe stehen bleibt. – Vielleicht haben Sie selbst schon solche Konfliktfälle erlebt?

Zusammenfassung

Bei Konflikten werden **neun Eskalationsstufen** unterschieden, die typische Merkmale aufweisen und in drei Hauptphasen verlaufen:

Phase	Stufe		Merkmale
Win-win	1	Verhärtung	• Stimmung verschlechtert sich • Zweifeln an fairer Lösungsmöglichkeit • Konflikt nicht offen austragen
	2	Debatte	• Recht haben wollen • Argumentieren, aneinander vorbeireden • Nicht bereit sein, den anderen Standpunkt sachlich zu betrachten
	3	Taten statt Worte	• Misstrauen • Gegenseitig blockieren • Schuldzuweisungen, missbilligende Kommentare
Win-lose	4	Koalition	• Konflikt publik machen • Verbündete suchen • Selektiv wahrnehmen
	5	Demaskierungen	• Feindbilder schaffen • Verhalten psychologisieren • Gesichtsverlust provozieren
	6	Drohstrategien	• Drohungen offen aussprechen • Gegenpartei einschüchtern
Lose-lose	7	Begrenzte Vernichtungsschläge	• Denkzettel verabreichen • Einseitig kommunizieren
	8	Zersplitterung der Existenzgrundlagen	• Bewusst, aber berechenbar Schaden zufügen • Gegner handlungsunfähig machen
	9	Gemeinsam in den Abgrund	• Schaden zufügen um jeden Preis

Repetitionsfragen

10   Erklären Sie die drei Hauptphasen eines Konflikts in eigenen Worten.

11   Zu welcher Eskalationsstufe gehören die folgenden Äusserungen?

A] Plötzlich packt Arno seinen Kollegen am Kragen und droht ihm wutschnaubend: «Du, pass gut auf, damit dir nichts geschieht ...»

B] Alle fragen sich, warum Lars und Regina so gereizt aufeinander reagieren. Aus jedem nichtssagenden Detail machen sie sogleich eine Grundsatzdebatte.

C] Offensichtlich versteht sich Sandro überhaupt nicht mit dem neuen Chef. In der Mittagspause breitet er ein paar «Müsterchen» von krassen Führungsfehlern vor seinen Teamkollegen aus. Er will damit erreichen, dass auch sie sich gegen diesen unfähigen Chef stellen.

12   Analysieren Sie das Fallbeispiel einer Konflikteskalation.

A] Versuchen Sie, das nachfolgend beschriebene Fallbeispiel den Eskalationsstufen zuzuordnen. Markieren Sie im Text, wo eine nächste Stufe des Konflikts erreicht wird.

B] Definieren Sie, auf welcher Stufe der Konflikt im vorliegenden Fall endet.

Fallbeispiel Konflikteskalation

Mirko ist seit fünf Jahren Geschäftsführer einer Papierfabrik. Er nimmt seine Position sehr ernst, setzt sich für die Firma Tag und Nacht ein und hat auch einiges erreicht. Jedoch ist sein Führungsstil bei den Mitarbeitenden umstritten und Mirko gilt als unberechenbar. Einmal zeigt er kumpelhafte Nähe, dann wiederum eine autoritäre Distanz. Niemand weiss genau, wer «dazugehört» und wer nicht in seiner Gunst steht.

Sereina arbeitet seit ein paar Jahren als Personalfachfrau im Unternehmen. Sie kennt den Betrieb in- und auswendig. Sereina weiss, dass sie nicht zum eigentlichen «Dunstkreis» von Mirko zählt, was sie bisher nicht weiter gestört und vor allem dem Umstand zugeschrieben hat, dass sie jeweils nach Arbeitsschluss keine Zeit mehr für ein gemeinsames Feierabendbier hat, sondern ihre Kinder in der Krippe abholen muss.

Vor einiger Zeit hat Mirko ein Mitarbeiterzufriedenheitsprojekt angekündigt. Natürlich hat Sereina ihr Interesse angemeldet, in diesem Projekt mitzumachen oder auch die Projektleitung zu übernehmen. Sie schätzt sich als kompetent dafür ein. Nachdem sie immer noch keine Antwort von Mirko erhalten hat, meldet sie ihr Interesse nochmals ausdrücklich bei ihm an. Er macht sich soeben zu einem wichtigen Kunden auf, sichert ihr aber zwischen Tür und Angel die Projektmitarbeit zu. Als Sereina dies zu Hause ihrem Mann erzählt, meint er nur achselzuckend: «Mich würde es nicht wundern, wenn er dir schliesslich doch einen seiner Lieblinge vor die Nase setzt – das wäre ja nicht das erste Mal!» Eine Woche später erhält sie eine Mailnachricht von Mirko: Die Projektgruppe «Mitarbeiterzufriedenheit» habe sich nun gebildet und Daniela, die neue Kollegin in der Personalabteilung, würde die Projektleitung übernehmen. Sereinas Interesse könne er nicht berücksichtigen, da sonst ihre eigentlichen Aufgaben zu kurz kämen.

Sereina ist enttäuscht über diesen Entscheid und stellt Mirko hierauf zur Rede. Er windet sich zuerst und entgegnet schliesslich: «Du hast dich doch über die zu grosse Arbeitsbelastung beschwert!» Sereina verteidigt sich, dies sei vor einem Jahr gewesen und sie habe mittlerweile ihre Aufgaben bestens im Griff. Mirko klemmt das Gespräch ab, er halte an seinem Entscheid fest. Sereina beklagt sich bei ihrer Kollegin Nadine über diese «Abfuhr». Gemeinsam lästern sie über Mirkos willkürlichen Führungsstil. Sie verstummen sogleich, als Daniela das Büro betritt. Am Abend wird Sereina ihren Ärger und ihre Frustration auch bei ihren Freundinnen los.

In den darauf folgenden Wochen gehen Sereina und Mirko einander aus dem Weg. Eines Tages kommt Daniela auf Sereina zu und fragt sie, ob sie ihr ein Feedback zum Grobkonzept der Mitarbeiterumfrage geben könnte. Sereina antwortet spitz: «Bitte doch Mirko darum, ich habe keine Zeit dafür!» Daniela ist sichtlich irritiert über diese Absage und berichtet Mirko davon. Er stürmt daraufhin wutschnaubend in Sereinas Büro und verlangt von ihr, sich gefälligst kooperativer zu verhalten und Daniela zu unterstützen. Sereina gibt klein bei und begutachtet das Grobkonzept. Gleichzeitig spielt sie mit dem Gedanken, wie sie dieses Projekt untergraben könnte.

4 Mobbing

Lernziele

Nach der Bearbeitung dieses Kapitels können Sie …

- die typischen Merkmale von Mobbing nennen.
- Interventionsmöglichkeiten in Mobbingfällen aufzeigen.

Schlüsselbegriffe

Ansehen, Ausschluss, Aussprachen, Beziehungen, Bossing, Eskalation, Gesundheit, Intervention, Mobbinghandlungen, Prävention, Psychoterror, Rechtsbrüche, Sanktionen, Schikanen

In Umfragen zur Arbeitszufriedenheit wird «das Team» jeweils als einer der wichtigsten Zufriedenheitsfaktoren genannt. Dieses Miteinander kann jedoch auch zu einer grossen Belastung werden: bei Konflikten innerhalb des Teams und besonders auch dann, wenn einzelne von anderen Teammitgliedern missachtet, gedemütigt, schikaniert und ausgeschlossen werden, ohne dass sie sich dagegen wehren können.

Das Mobbing ist weitverbreitet, sowohl in Schulen als auch am Arbeitsplatz. Die beiden folgenden Beispiele vermitteln einen Einblick in die Qual von Mobbingopfern.

Beispiel

Die Zeitschrift «Stern» berichtete über den Fall «Claudia»: Sie war schwanger und freute sich darüber. Doch ihre nächste Arbeitskollegin und Freundin begann sie anzugiften: «Wie stellst du dir das vor? Jetzt muss ich die ganze Arbeit alleine machen und die Chefin muss für dich noch bezahlen.» Man fing an, über Claudia herzuziehen, redete nicht mehr mit ihr und würdigte sie keines Blicks mehr. Betrat sie ein Zimmer, verstummte sofort das Gespräch. Die Kommunikation bestand nur noch aus obszönen Sprüchen oder anonym hingeklebten Zetteln, wie z. B.: «Kauf dir ein anderes Parfüm, du stinkst.» Claudia erzählte der Zeitschrift, dass man sie wie eine Aussätzige behandelt habe, und mutmasste, dass man sie so zu einem Verzicht auf ihren Mutterschutz bewegen wollte.

Quelle: Leymann, Heinz: Mobbing, Reinbek bei Hamburg 2002

«Ich hoffe, ihr seid nicht sauer.» Diese Worte aus einem Abschiedsbrief veröffentlichten die Eltern des 20-jährigen Niederländers Tim, der sich das Leben genommen hatte, weil er sein «ganzes Leben lang verspottet, gemobbt, gehänselt und ausgeschlossen wurde». Offenbar wurde Tim schon während seiner Schulzeit regelmässig schikaniert und später im Internet mit anonymen Gerüchten und Beleidigungen blossgestellt. In den Niederlanden hat Tims Selbstmord grosse Bestürzung und eine öffentliche Diskussion über Mobbing ausgelöst.

Quelle: Süddeutsche Zeitung, 6.11.2012

Was kennzeichnet einen Mobbingfall? Wie kann Mobbing von anderen Konflikten oder von einer Unverschämtheit unterschieden werden? Auf diese Fragen, auf den typischen Verlauf eines Mobbingfalls und auf Lösungsmöglichkeiten gehen wir in diesem Kapitel ein.

4.1 Merkmale von Mobbing

Unter «Mobbing» (aus dem Englischen: «to mob» = anpöbeln, schikanieren) versteht man **negative verbale und nonverbale Handlungen gegen eine Person über einen längeren Zeitraum.** Diese Handlungen sind diskriminierend und können von einer oder mehreren Personen erfolgen. Am Arbeitsplatz geschehen sie unter Kollegen oder zwischen Vorgesetzten und Mitarbeitenden mit dem Ziel, die angegriffene Person aus dem bestehenden Arbeitsverhältnis auszustossen.

Das **Mobbing durch Vorgesetzte** gegenüber Mitarbeitenden wird auch als **«Bossing»** bezeichnet (vom englischen Begriff «boss» abgeleitet). Laut Mobbingexperten sind rund die Hälfte aller Mobbingfälle auf die Vorgesetzten zurückzuführen.

Im Unterschied zu anderen Konflikten beinhaltet Mobbing wiederkehrende Angriffe und Übergriffe gegen eine einzelne Person. Es handelt sich dabei um eine besonders destruktive und extreme Form eines sozialen Konflikts. Das heisst: Eine Unverschämtheit, einmal gesagt, ist und bleibt eine Unverschämtheit. Wiederholen sich jedoch Schikanen und Benachteiligungen, ist es nicht mehr «nur» eine Unverschämtheit.

Ein Nährboden für Mobbing sind **konflikträchtige Arbeitsbedingungen:** z. B. ausgeprägte Stressphasen, unerwünschte Veränderungen aufgrund einer Reorganisation oder ein drohender Stellenabbau. In solchen Bedrohungssituationen bricht oft ein unerbittlicher Konkurrenzkampf aus, der auch besonders destruktive Formen wie das Mobbing annehmen kann.

4.2 Mobbinghandlungen

Ein Mobbing kann aus einem Bagatellanlass entstehen. Jemand stösst auf Ablehnung, sei es aufgrund einer persönlichen Eigenart oder weil er in einen Konflikt hineingeraten ist. Von aussen betrachtet, ist kaum nachvollziehbar, weshalb in der Folge derart schwerwiegende Angriffe geschehen. Nicht selten wollte man der betroffenen Person nur einen «Denkzettel» verpassen. So zumindest «entschuldigen» die Angreifenden ihre Handlungen im Nachhinein.

Abb. [4-1]   **Mobbinghandlungen**

Die Mobbinghandlungen lassen sich in fünf Gruppen unterteilen: Angriffe auf die Möglichkeit, sich mitzuteilen, auf soziale Beziehungen, auf das soziale Ansehen, auf die Qualität der Berufs- und Lebenssituation und auf die Gesundheit.

4.2.1 Angriffe auf die Möglichkeit, sich mitzuteilen

Das Mobbingopfer verliert allmählich den **Zugang zu Informationen** und die Möglichkeit zum **Austausch von Informationen.** Die Kommunikationsbeziehung wird mit gezielten Angriffen grundlegend gestört:

- Eine Person wird vom Informationsfluss systematisch abgeschnitten.
- Man sucht nach negativen Informationen (Fehlern, Schwächen, Gerüchten usw.) über eine Person und verwendet diese gegen sie.
- Die betroffene Person bekommt keine Chance, sich zu erklären. Man richtet über sie, ohne sie anzuhören.

Mitunter geht man dazu über, nur noch schriftlich oder gar nicht mehr mit der betroffenen Person zu kommunizieren. In einer solchen Situation kann bereits ein Achselzucken oder ein Kopfschütteln als subtiler «Psychoterror» eingesetzt werden.

4.2.2 Angriffe auf soziale Beziehungen

Kommunikation ist das Fundament sozialer Beziehungen. Ist die Kommunikation gestört, geraten soziale Beziehungen unweigerlich aus dem Lot.

Aus der Psychologie ist bekannt, dass Menschen sehr viel ertragen können, wenn sie **echte soziale Hilfestellungen** (englisch «social support») erhalten. Das heisst, wer in ein **funktionierendes Beziehungsnetz** von Familie, Freunden, Arbeitskollegen und anderen Bezugspersonen eingebunden ist, erhält besonders auch in Stresssituationen wertvolle Unterstützung in Form von Gesprächen, Hilfeleistungen, Lösungsideen, Ratschlägen usw. Bei gemobbten Personen beobachtet man immer wieder, dass ihr soziales Netz aufgrund der gestörten Kommunikationsbeziehungen zu reissen beginnt und sie sich zunehmend isolieren.

Typische Angriffe auf soziale Beziehungen sind:

- Eine Person wird isoliert, indem man sie ignoriert oder ihr zeigt, dass man sich nicht mehr um sie kümmert.
- Man steht auf und geht weg, wenn diese Person einen Raum betritt.
- Man verweigert der Person jegliche Gesprächsbereitschaft.

4.2.3 Angriffe auf das soziale Ansehen

Die **Wertschätzung** von Bezugspersonen ist eine wichtige Quelle des Selbstvertrauens. Wer sich als **vollwertiges Mitglied einer Gemeinschaft** empfindet, kann ein **positives Selbstwertgefühl** aufbauen. Mit gezielten Attacken kann man jedoch bei jedem Menschen – unabhängig von seiner beruflichen Stellung – das soziale Ansehen und auch sein Selbstwertgefühl allmählich zerstören.

Typische Angriffe auf das soziale Ansehen sind:

- Eine Person der Lächerlichkeit preisgeben, sie blossstellen oder vertrauliche Informationen über sie verbreiten, z. B. über Social-Media-Portale wie Facebook.
- Eine Person vor anderen respektlos beschimpfen oder erniedrigen.
- Über eine Person hinter ihrem Rücken schlecht reden und dafür sorgen, dass sie dies erfährt.

4.2.4 Angriffe auf die Qualität der Berufs- und Lebenssituation

Durch das Berufsleben tritt man einer **Gemeinschaft** bei, verdient seinen **Lebensunterhalt** und erschliesst sich dadurch auch eine bestimmte **gesellschaftliche Stellung**. Angriffe auf die Qualität der Berufssituation verletzen somit einen wichtigen persönlichen Entfaltungsbereich. Wer sich am Arbeitsplatz gemobbt fühlt, wird in der Folge oft auch von **privaten Problemen** heimgesucht, an denen Freundschaften, Partner- oder die Familienbeziehungen zerbrechen.

Typische Angriffe auf die Qualität der Berufs- und Lebenssituation sind:

- Den Aufgabenspielraum einer Person bewusst einschränken.
- Die für die Aufgabenerledigung notwendigen Informationen vorenthalten, Unterstützung bei der Aufgabenerledigung verweigern.
- Die Aufgabenerledigung durch die Person gezielt sabotieren.
- Die Glaubwürdigkeit und die Erfolgschancen der Person im Berufsumfeld untergraben.

4.2.5 Angriffe auf die Gesundheit

Es gibt eine ganze Palette von direkten und indirekten Angriffen auf die **wirtschaftliche,** die **körperliche** und die **psychische Gesundheit** des Mobbingopfers:

- Androhung körperlicher Gewalt
- Getarnte tätliche Angriffe, wie z. B. eine Person zum Stolpern bringen, ihr die Türe vor der Nase zuschlagen, sie «versehentlich» einschliessen
- Der Person finanziell schaden, z. B. durch falsche Bestellungen von Waren
- An Arbeitsgeräten oder an Arbeiten der Person Schaden anrichten
- Anonymer Telefonterror in der Nacht
- Sexuelle Übergriffe

Als Folge solcher Mobbinghandlungen stellen sich häufig **psychosomatische Beschwerden** ein: Sie reichen von Konzentrationsschwierigkeiten, Schlaf- und Essstörungen bis zu Muskelschmerzen unterschiedlichster Art.

4.3 Eskalationsphasen beim Mobbing

Auf den ersten Blick scheint ein Mobbingfall anders zu eskalieren als andere soziale Konflikte: Geht es nicht von Anfang an um die Vernichtung des Mobbingopfers? Diese Annahme trifft insofern nicht zu, als sich das Mobbing meist **aus einem ungelösten Konflikt heraus** entwickelt, der über einen längeren Zeitraum schon schwelt und inzwischen in einer fortgeschrittenen Eskalationsphase ist. Durch ein rechtzeitiges Eingreifen von Dritten hätte das Mobbing wahrscheinlich verhindert werden können.

Abb. 4-2 stellt die vier Eskalationsphasen beim Mobbing dar.

Abb. [4-2]   Eskalationsphasen beim Mobbing

Phase 1
Ungelöste Konflikte, Unverschämtheiten und Gemeinheiten

↓

Phase 2
Übergang zu Mobbing und Psychoterror

↓

Phase 3
Rechtsbrüche durch Fehl- und Übergriffe

↓

Phase 4
Ausschluss aus dem Arbeitsumfeld

- Psychologische Therapie
- Mehrere Versetzungen nacheinander
- Frühpensionierung
- Abfindung
- Langfristige Krankschreibung

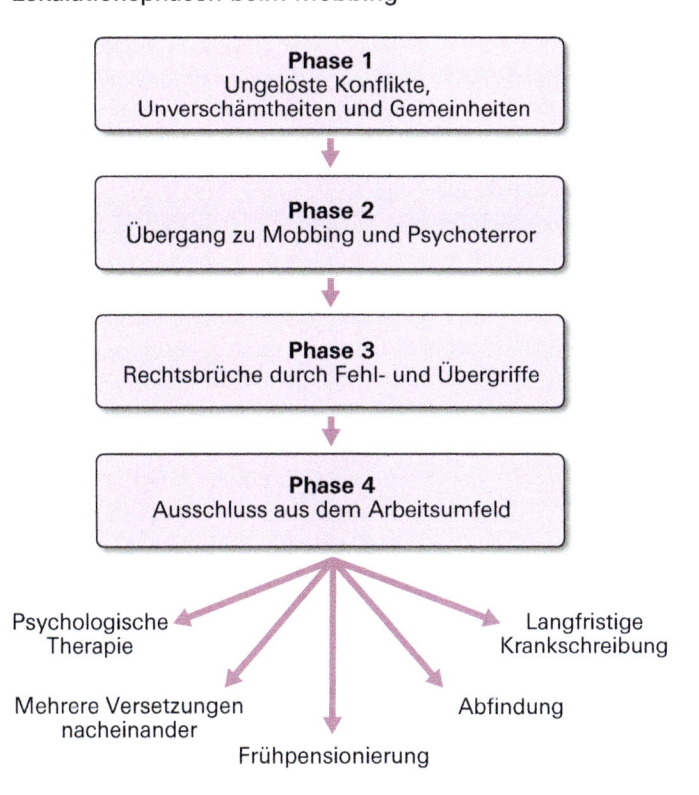

In Anlehnung an: Leymann, Heinz: Mobbing, Reinbek bei Hamburg 2002.

In der **Phase 1** liegt noch ein typischer Konflikt vor. Bleibt er ungelöst, entstehen manchmal Aggressionen, die durch einzelne **Unverschämtheiten** oder **Gemeinheiten** gegen die betreffende Person abreagiert werden. Automatisch entwickelt diese eine **Verteidigungshaltung,** was die Angreifenden insofern bestärkt, als sie offenbar die erwünschte Wirkung erreichen. – Erfolgt von aussen keine Intervention, weitet sich der ungelöste Konfliktfall zu einem Mobbingfall aus.

In der **Phase 2** zeigt sich die Entwicklung eines **Täter-Opfer-Schemas** immer deutlicher. Der ursprüngliche Konflikt tritt in den Hintergrund und an seine Stelle eine persönliche Abrechnung. Die Anzahl der Angriffe und auch deren Auswirkungen nehmen zu. Beim Mobbingopfer treten starke **Stresssymptome** auf. Weil die betroffene Person immer deutlicher auf **Ablehnung** stösst und sich zunehmend **isoliert** fühlt, reagiert sie mit einer ausgeprägten Sensibilität auf alles, was um sie geschieht. Sie gerät in einen Strudel negativer Wahrnehmungen, die sie verfolgen. Dementsprechend verhält sie sich je nachdem misstrauisch, unfreundlich, aggressiv usw., was sie umso mehr isoliert. – Ohne Hilfe von aussen wird ein Ausstieg aus dem weiteren Eskalationsverlauf unmöglich.

In der **Phase 3** nehmen die Mobbinghandlungen noch dramatischere Formen an bis hin zu **tätlichen Angriffen** und **Rechtsbrüchen**. Der Teufelskreis verfestigt sich: Über einen längeren Zeitraum Gemobbte sind psychisch so stark belastet, dass sie ihre **Persönlichkeit verändern**. Ihr Selbstwertgefühl schwindet, sie verlieren das Gefühl für ihre eigene Urteils- und Kommunikationsfähigkeit. Irgendwann brechen sie unter dieser Last zusammen oder «flippen aus». Diese übersteigerten Reaktionen verleiten dazu, dem Mobbingopfer zumindest zu einem Teil die Schuld zu geben an der Situation, die aus den Fugen geraten ist.

Früher oder später in dieser Phase greifen Führungspersonen, Personalverantwortliche oder andere Anlaufstellen in den Mobbingprozess ein, da ein «normaler Betrieb» mittlerweile nicht mehr möglich ist. Um das Problem zu lösen, kann es zu einer **Versetzung** oder **Kündigung** kommen. Vielfach bedeuten solche arbeitsrechtlichen Massnahmen jedoch nicht einen Neuanfang für das Mobbingopfer, da Gerüchte über den Grund der Versetzung bereits die Runde gemacht haben oder die Kündigung eine zusätzliche Demütigung bedeutet.

In der **Phase 4** gibt es keinen anderen Ausweg mehr, als das Mobbingopfer offiziell aus dem betreffenden **Arbeitsumfeld herauszunehmen** und so die Situation zu entlasten. Oft ist die betroffene Person aufgrund der Dauerbelastung inzwischen psychisch und körperlich stark angeschlagen. Sie sollte **psychologische und / oder ärztliche Hilfe** beanspruchen, um einen ähnlichen Vorfall an einer nächsten Arbeitsstelle zu vermeiden.

Oft kommt es im Zusammenhang mit Mobbing auch zu Fehldiagnosen. Die traumatischen Auswirkungen des Mobbings werden verkannt, der Zusammenhang mit der körperlichen Erkrankung unterschätzt oder z. B. die Ursachen hauptsächlich bei der Persönlichkeit der gemobbten Person gesucht.

Der **Ausschluss aus dem Arbeitsumfeld** kann in Form von mehreren Versetzungen nacheinander, einer Frühpensionierung, einer Kündigung und finanziellen Abfindung, einer langfristigen Krankschreibung oder psychologischen Therapie erfolgen. Ein Mobbingopfer ist in dieser Phase meist ausserstande, sogleich wieder ein geregeltes Arbeitsverhältnis einzugehen, da sich die Vorgeschichte in der Bewerbung bzw. im Vorstellungsgespräch nicht verheimlichen lässt.

4.4 Präventions- und Interventionsmassnahmen

Wie Sie bereits gesehen haben, ist das Mobbing eine speziell destruktive Konfliktart. Deshalb ist der Mobbingfall auch bei der Konfliktbewältigung speziell zu behandeln.

Hinweis	Der Arbeitgeber hat eine gesetzliche Fürsorgepflicht gegenüber den Arbeitnehmenden. So schreibt Art. 328,1 OR vor: «Der Arbeitgeber hat im Arbeitsverhältnis die Persönlichkeit des Arbeitnehmers zu achten und zu schützen, auf dessen Gesundheit gebührend Rücksicht zu nehmen und für die Wahrung der Sittlichkeit zu sorgen. Er muss insbesondere dafür sorgen, dass Arbeitnehmerinnen und Arbeitnehmer nicht sexuell belästigt werden und dass den Opfern von sexuellen Belästigungen keine weiteren Nachteile entstehen.»

4.4.1 Anzeichen für Mobbing frühzeitig erkennen

Ein Mobbingfall lässt sich verhindern, wenn man die **Folgen eines ungelösten Konflikts frühzeitig erkennt** und ernst nimmt. Es liegt besonders auch an den **Führungspersonen** und den **Personalverantwortlichen,** bei ungewöhnlich heftigen Aggressionen, Gehässigkeiten, Gemeinheiten usw. hellhörig zu werden und sofort zu reagieren, wenn die betroffene Person oder eine unbeteiligte Drittperson sie auf solche kritischen Vorfälle aufmerksam macht.

Im Unternehmen oder extern sind neutrale **Ansprechpartner** für Mobbingfälle zu bestimmen, die als Fachleute auch die notwendigen Kompetenzen erhalten, gezielt zu intervenieren.

4.4.2 Mobbingsituationen rechtzeitig auflösen

Der Eskalationsverlauf beim Mobbing zeigt, dass ohne rechtzeitige gezielte Intervention von aussen eine unheilvolle Dynamik einsetzt, die unweigerlich in eine Sackgasse führt.

Erfahrungsgemäss sind **offene Aussprachen** mit den und über die Gemobbten jedoch eher **kontraproduktiv,** als dass sie eine Lösung bewirken. Es besteht nämlich die Gefahr, dass sich dadurch der Teufelskreis noch verstärkt und das Mobbingopfer für öffentlich ausgesprochene Ermahnungen zusätzlich büssen muss. Die Täter stoppen ihre Angriffe meist nicht, sondern ändern nur die Methoden.

Beim Mobbing gilt in besonderem Masse: Eine Lösung wird umso aussichtsloser, je länger sich der Fall dahinzieht. Die gemobbte Person wird kaum mehr einen Weg in die Gruppe zurückfinden und wieder akzeptiert werden. Daher bleibt oft als einziger Ausweg, sie **aus dem Team zu nehmen,** d. h., sie zu versetzen und ihr so zu ermöglichen, in einer anderen Teamkonstellation wieder Fuss zu fassen. Für einen solchen Neustart ist die aktive Unterstützung der Führungsperson zwingend notwendig.

4.4.3 Sanktionen ergreifen

Zu den Verhinderungsmassnahmen gegen Mobbing gehört auch eine klare, unmissverständliche Haltung den Tätern gegenüber: **«Nulltoleranz»** zeigen bedeutet, harte Sanktionen zu ergreifen. Es muss allen klar sein, dass Mobbing nicht geduldet wird.

4.4.4 Information und Aufklärung

Eine wirksame Präventionsmassnahme gegen Mobbing ist, dieses im Unternehmen regelmässig zu **thematisieren,** z. B. in speziellen abteilungsübergreifenden Workshops. Ebenso sollte eine klare Haltung bezüglich Konfliktkultur und Verhinderung von Mobbing auch in den **Unternehmensleitbildern** verankert werden.

Zusammenfassung

Als Mobbing bezeichnet man **negative verbale und nonverbale Handlungen,** die **gegen eine Person** gerichtet sind und **über einen längeren Zeitraum** vorkommen.

Die **Mobbinghandlungen** gegen das Opfer zeigen sich als Angriffe auf

- die Möglichkeit, sich mitzuteilen,
- soziale Beziehungen,
- das soziale Ansehen,
- die Qualität der Berufs- und Lebenssituation und
- die Gesundheit.

Der **Eskalationsverlauf** in einem Mobbingfall erstreckt sich über vier Phasen:

Phase	Merkmale
1 **Ungelöste Konflikte, Unverschämtheiten, Gemeinheiten**	• Aggressionen abreagieren durch einzelne Unverschämtheiten und Gemeinheiten • Ohne Intervention von aussen wird Konflikt- zum Mobbingfall
2 **Übergang zu Mobbing und Psychoterror**	• Angriffe nehmen zu • Täter-Opfer-Schema entwickelt sich • Persönliche Abrechnung anstelle des Konflikts • Zunehmende Isolation des Mobbingopfers • Ohne Hilfe von aussen kein Ausstieg mehr möglich
3 **Rechtsbrüche durch Fehl- und Übergriffe**	• Dramatischere Angriffe, Tätlichkeiten, Rechtsbrüche • Persönlichkeitsveränderungen beim Mobbingopfer aufgrund von Dauerbelastung • Eingriffe von aussen (Personalverantwortlichen) in Form von Versetzung oder Kündigung
4 **Fehldiagnosen und Ausschluss aus dem Arbeitsumfeld**	• Häufig Fehldiagnosen über Hintergründe und Auswirkungen des Mobbings bei Inanspruchnahme psychologischer oder ärztlicher Hilfe • Ausschlussformen: Versetzung, Frühpensionierung, Kündigung und Abfindung, langfristige Krankschreibung, psychiatrische Einweisung • Wiedereinstieg in Arbeitsleben schwierig aufgrund der Vorgeschichte

Lösungsansätze bei Mobbingfällen sind:

- Anzeichen für Mobbing frühzeitig erkennen und sofort reagieren.
- Mobbingsituationen rechtzeitig auflösen.
- Taten konsequent sanktionieren.
- Information und Aufklärung, um Risiken für Mobbing zu vermindern.

Repetitionsfragen

13 Um welche Eskalationsphase im Mobbing handelt es sich in den folgenden Fällen?

A] Der «normale» Alltagsbetrieb ist nicht mehr möglich. Eine Versetzung der betroffenen Person wird unumgänglich.

B] Eine vermeintliche Bagatelle wird zur persönlichen Abrechnung und es entwickelt sich ein unheilvolles Täter-Opfer-Schema.

C] Mit einer gezielten Intervention der Führungsperson wäre es jetzt noch möglich, das Mobbing zu verhindern.

D] Dem Mobbingopfer wird eine Abfindung für das zugefügte Leid bezahlt.

14 Nennen Sie mindestens vier typische Anzeichen für Mobbing im folgenden Fallbeispiel.

Fallbeispiel Mobbing

Nicole arbeitet sei einem halben Jahr als Sekretärin in einem neuen Team. Ihre fachlichen Qualifikationen hat sie in verschiedenen Weiterbildungskursen laufend ausgebaut. Nicole ist eine eher zurückhaltende Person, die lieber durch ihre Tüchtigkeit auffällt. Ihr Start im Team ist jedoch nicht so gelungen, wie sie es sich vorgestellt hatte. Von Anfang an erhielt sie meist die weniger interessanten Aufgaben oder musste die Hilfsarbeiten für andere erledigen. Nicole beschwerte sich darüber im Probezeitgespräch bei ihrem Vorgesetzten und bei der Personalverantwortlichen.

Es kam daraufhin zu einer offenen Aussprache im Team, die jedoch für Nicole schlecht endete: Ihre Kolleginnen gehen seitdem auf Konfrontation mit ihr. Sie muss sich immer öfter Anfeindungen anhören, wie «Du bist hier nur geduldet!» oder «Für solche Aufgaben wurde ich nicht angestellt, die soll gefälligst Nicole erledigen!». Die Sekretariatskolleginnen schliessen Nicole so möglichst aus ihrer Gemeinschaft aus, was dazu führt, dass wichtige Informationen nicht bis zu ihr durchdringen oder ihr bewusst vorenthalten werden. Deshalb – und auch, weil sie immer unsicherer wird – passieren Nicole in letzter Zeit ungewohnte Fehler beim Erledigen von Aufgaben.

Nicole ist immer verzweifelter und will etwas dagegen unternehmen. Verschiedentlich versucht sie mit den Kolleginnen und auch mit dem Vorgesetzten über ihre Probleme zu sprechen, erreicht damit aber nichts. Es scheint ihr, der Vorgesetzte sehe tatenlos zu und versuche sogar, ihr die Hauptschuld an den Problemen zu geben, um seinerseits nichts unternehmen zu müssen.

Auf ihre privaten Bezugspersonen wirkt Nicole mittlerweile verschlossen und abweisend. Sie will lieber nicht mehr über ihre verfahrene Arbeitssituation reden, hört nicht auf die gut gemeinten Ratschläge und getraut sich auch kaum noch unter Leute.

Als Nicole schliesslich kündigt, geht es ihr psychisch und gesundheitlich schlecht.

Teil B
Konflikte bewältigen und verarbeiten

Einstieg

Ungelöste Konfliktsituationen beschäftigen uns im Berufsleben häufig. Wir haben erkannt, dass wir etwas unternehmen müssen, um die unheilvolle Dynamik zu stoppen, doch wissen wir oft nicht genau, wie wir bei der Konfliktbewältigung vorgehen sollen. Haben wir einen Konflikt lösen können, müssen wir den Weg zurück in den «Alltag» finden. Die Konfliktverarbeitung gehört deshalb genauso zur Konfliktbewältigung wie die gewissenhafte Analyse als Ausgangspunkt.

In diesem Teil des Lehrmittels erhalten Sie Anregungen, wie Sie Konflikte analysieren, bearbeiten, lösen und verarbeiten können – und wie Sie Konflikten am besten vorbeugen.

- Im Kapitel 5 behandeln wir die Konfliktanalyse als ersten Schritt zur Konfliktbewältigung. Das Konfliktanalyseraster dient Ihnen als Hilfsmittel für die systematische Analyse.
- Im Kapitel 6 befassen Sie sich mit den Anforderungen an ein erfolgreiches Konfliktmanagement, mit dem Harvard-Konzept für konstruktive Verhandlungslösungen und welche Moderationsrolle eine Drittperson je nach Konflikteskalation übernehmen muss.
- Im Kapitel 7 erhalten Sie Tipps für die Vorbereitung, Durchführung und Nachbereitung von Konfliktgesprächen.
- Im Kapitel 8 geht es um das bewusste Gestalten der Konfliktverarbeitungsphase und um die Anforderungen an eine Konfliktkultur. Sie werden damit zwar nicht Konflikte verhindern, sicher aber zu einem konstruktiveren Umgang mit Konfliktsituationen beitragen.

5 Konflikte analysieren

Lernziele	Nach der Bearbeitung dieses Kapitels können Sie ... • ein eigenes Konfliktbeispiel anhand vorgegebener Kriterien analysieren.
Schlüsselbegriffe	Helicopter View, Konfliktanalyseraster, Konfliktaspekte, Metaebene, Selbstanalyse, Sichtweisen

Die Konfliktbearbeitung beginnt mit der **Konfliktanalyse**. Sie verschafft uns einen Überblick über die verschiedenen Aspekte, die Geschichte und den Verlauf des Konflikts und ist eine wichtige **Voraussetzung für die Konfliktbewältigung.**

Für die Konfliktparteien heisst das, sich der eigenen Gefühle bewusst zu werden und sich vor Augen zu führen, wie sie mit diesen Emotionen umgehen. Eine **innere Distanz** zum Geschehen zu gewinnen, ist die Herausforderung der Konfliktanalyse. Nicht in jedem Konfliktfall ist dies möglich. Im Zweifelsfall empfiehlt es sich, eine **neutrale Drittperson** beizuziehen: z. B. einen Arbeitskollegen aus einem anderen Team, eine Freundin, einen Personalverantwortlichen, eine Supervisorin oder einen externen Coach. Dieser Prozess der Bewusstmachung ist oft schmerzlich und jede Konfliktpartei muss ihn selbst durchmachen.

Die Konfliktanalyse strebt die folgenden **Ziele** an:

- **Hintergründe** des Konflikts verstehen: Ein Problem muss man als solches erkennen, bevor man es lösen kann.
- **Einsicht** zur Konfliktbewältigung erlangen: Nur wenn die Parteien tatsächlich bereit sind, die verhängnisvolle Konflikteskalation zu durchbrechen, können sie mögliche Lösungsschritte ermitteln.
- **Konfliktparteien zusammenführen:** Je länger ein Konflikt schwelt, desto stärker laufen die Beteiligten Gefahr, sich hinter die eigenen Mauern zurückzuziehen und den Konflikt weiter zu schüren. Es braucht die Konfrontation, um gemeinsam Lösungsmöglichkeiten zu entwickeln.

5.1 Unterschiedliche Sichtweisen in Konflikten

Viele Menschen scheitern in ihrer Konfliktanalyse, weil sie mit ihren Gedanken immer nur um die **eigene Sichtweise** kreisen. Sie überlegen sich, wie sie den eigenen Standpunkt vertreten wollen, was sie dazu berechtigt, bestimmte Ziele anzustreben, und warum die Gegenseite im Unrecht ist. Wenn wir ein Problem nur durch die eigene Brille betrachten, verpassen wir es, uns mit der **Sichtweise der Gegenpartei** auseinanderzusetzen, und vergeben uns damit die Chance auf eine wirksame Lösung.

Erst der **bewusste Perspektivenwechsel** ermöglicht dann die Aufarbeitung des Konflikts. Nehmen Sie die folgenden drei Positionen ein und betrachten Sie das Konfliktgeschehen aus verschiedener Sicht:

1. **Die eigene Sicht:** Was tragen Sie zum Konflikt bei? Was für Ziele und Interessen haben Sie? Welche Gefühle und Bedürfnisse nehmen Sie bei sich selbst wahr?
2. **Die andere Sicht:** Versetzen Sie sich in die Lage der anderen Konfliktpartei und versuchen Sie deren Sichtweise zu verstehen. Zeigen Sie Einfühlungsvermögen.
3. **Die Sicht des neutralen Beobachters:** Distanzieren Sipe sich vom Geschehen und betrachten Sie dieses von aussen. Sie begeben sich so auf eine übergeordnete Ebene: die Metaebene.

Abb. [5-1] Drei Positionen bei der Konfliktanalyse

NEUTRALER BEOBACHTER

ICH (MEINE SICHT)   ANDERE KONFLIKTPARTEI

Wenn es den Konfliktparteien nicht gelingt, sich genügend zu distanzieren, sollte eine Drittperson, die keine Konfliktpartei ist, diese «Aussenposition» des neutralen Beobachters übernehmen. Bei einem Konflikt zwischen Mitarbeitenden ist dies oftmals der Vorgesetzte.

«Den Wald vor lauter Bäumen nicht sehen» – diese Metapher zeigt bildlich, dass es für einen Perspektivenwechsel in der Konfliktanalyse die Metaebene braucht. Damit wir gleichzeitig die einzelnen Büsche erkennen und den Wald als Ganzes sehen können, benötigen wir die Fähigkeit eines Helikopters. Er ist wendig genug, nahe am Boden zu fliegen und rasch aufzusteigen. Aus diesem Grund spricht man im Zusammenhang mit der Metaebene auch oft von der Fähigkeit zur «Helicopter View» (Helikopter-Sicht).

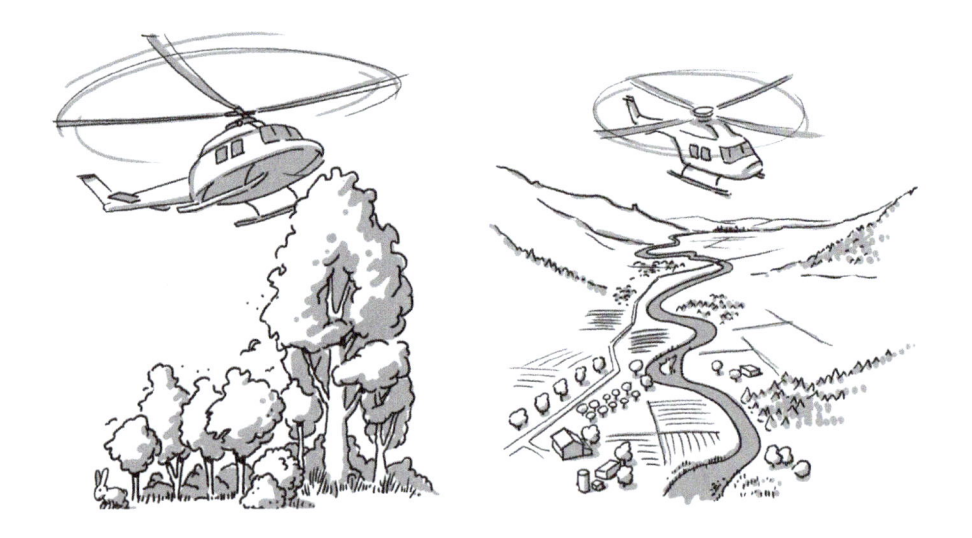

5.2 Selbstanalyse

Mit der Selbstanalyse entsteht ein umfassendes Bild des bestehenden Konflikts. Das Bild zeigt jeder Konfliktpartei, welchen Anteil sie an der Konfliktentwicklung hat, und bietet die Chance, die Konfliktlösung gemeinsam aktiv anzugehen. Die Analyse dient dazu, den Konflikt in seinen Tiefen auszuloten, ist allerdings noch keine Konfliktlösung, sondern lediglich ein erster Schritt in die richtige Richtung.

Die Analysefragen geben uns eine Orientierungshilfe und sind möglichst offen zu formulieren. Fragen nach dem Warum bringen die Konfliktparteien nämlich nicht weiter und führen erneut zu Schuldzuweisungen – was weder für die Analyse noch für eine Konfliktlösung förderlich ist.

Typische offene Fragen in der Konfliktanalyse sind:

- Was ist das Konfliktthema – worum geht es eigentlich?
- Wer alles ist in den Konflikt involviert?
- Was hat den Konflikt ausgelöst und was hat ihn danach verschärft?
- Welche Eskalationsstufe hat der Konflikt mittlerweile erreicht?
- Wie verhalte ich mich im Konflikt und welchen Anteil habe ich an der Konfliktentwicklung?
- Welche Interessen, Ziele oder Absichten verfolge ich dabei?
- Was könnte passieren, wenn niemand etwas unternimmt?
- Was wäre für mich persönlich eine gute Konfliktlösung?
- Welche Lösungsansätze sehe ich und was kann ich dazu beitragen?

Die Konfliktparteien beantworten die Analysefragen unabhängig voneinander als Vorbereitung für das anstehende **Konfliktgespräch.** Während der Klärungsphase im Konfliktgespräch erfolgt die gemeinsame Konfliktanalyse, wenn die Konfliktparteien ihre Sichtweisen schildern.

Das **Konfliktanalyseraster** bietet eine **Strukturierungshilfe für diese Selbstanalyse.** Ergänzend dazu empfiehlt sich auch der Perspektivenwechsel, d. h. die Auseinandersetzung mit der möglichen Sichtweise der anderen Konfliktpartei. Die Zusammenstellung in Abb. 5-2 dient als mögliche Vorlage für ein Konfliktanalyseraster, d. h., die Analysefragen können bei Bedarf ergänzt oder gekürzt werden.

Abb. [5-2]   **Konfliktanalyseraster – Vorlage**

Konfliktaspekt	Analysefragen	Partei X
Konfliktursachen	• Was ist das Ausgangsproblem? • Wie hat sich das Ausgangsproblem zu einem Konflikt entwickelt?	
Konfliktparteien	• Wer ist am Konflikt beteiligt? • Welche Beziehung besteht zwischen den Parteien? • Gab es in der Vergangenheit schon ähnliche Konflikte zwischen den Parteien?	
Konfliktart	• Um welche Konfliktart handelt es sich? • Welche Konfliktart ist zu vermuten?	
Konfliktverhalten	• Wie ist das Konfliktklima: heiss oder kalt? • Welchen Konfliktstil setzen die Parteien ein? • Wie erleben die Parteien den Konflikt persönlich?	
Eskalationsstufe	• Welche Eskalationsstufe hat der Konflikt aktuell erreicht? • Welche typischen Merkmale dieser Eskalationsstufe sind erkennbar?	
Interessen, Ziele, Absichten	• Welche Ziele verfolgen die Parteien mit dem Konflikt? • Welche weiteren Interessen und Absichten sind möglicherweise vorhanden?	
Nutzen und Schaden	• Welchen Nutzen bringt eine Fortdauer des Konflikts den Parteien? • Welchen Schaden sind die Parteien bereit, in Kauf zu nehmen?	
Hoffnungen	• Wie stehen die Chancen, den Konflikt noch lösen zu können? • Wie bewerten die Parteien die bisherigen Versuche, den Konflikt zu lösen? • Welche Einigung ist noch möglich? • Welche Chancen gibt es für einen Kompromiss?	
Befürchtungen	• Was befürchten die Parteien, wenn nichts passiert? • Könnte der Konflikt weiter eskalieren oder sich ausweiten? • Welche Folgekonflikte könnten entstehen?	
Konfliktlösung	• Welche Lösungsmöglichkeiten sehen die Parteien? • Was haben die Parteien bisher für eine Lösung unternommen?	

Beispiel

Wir greifen nochmals das Konfliktbeispiel von Daniel und Jürg auf (s. Kap. 3, S. 34) und schalten uns zu dem Zeitpunkt ein, als der Konflikt auf der Eskalationsstufe 3 «Taten statt Worte» angelangt ist. Jetzt könnten die beiden den Konflikt noch selbst lösen.

Kurzbeschreibung der Situation:

- Daniel sieht seinen Chef mit anderen Augen als bisher und geht ihm womöglich aus dem Weg. Er ist frustriert wegen der Nichtbeförderung, zeigt dies u. a. durch Dienst nach Vorschrift und vermehrter Abwesenheit. Innerlich scheint er gekündigt zu haben.
- Jürg rechtfertigt die Nichtbeförderung durch die veränderte Einstellung von Daniel zu seiner Arbeit und durch Mängel im Arbeitsverhalten.

Nachfolgend stellen wir die beiden Analysen absichtlich nebeneinander dar, um einen Vergleich zu ermöglichen.

Konfliktaspekt	Daniel (Mitarbeiter)	Jürg (Vorgesetzter)
Konfliktursachen	• Versprochene Beförderung wurde nicht eingehalten	• Daniel hat seine Arbeitseinstellung verändert; Nichtbeförderung ist berechtigt • Problem liegt bei Daniel
Konfliktart	• Beziehungskonflikt	• Beziehungskonflikt
Konfliktverhalten	• Aus dem Weg gehen, mache Dienst nach Vorschrift • Möchte meine Absichten durchsetzen; habe Konfrontation gesucht wegen Nichtbeförderung • Fühle mich verletzt, von Jürg ungerecht behandelt und im Stich gelassen	• Habe den Konflikt nicht wahrhaben wollen • Möchte meine Absichten durchsetzen; Verweigerung der Teilnahme am neuen Projekt habe ich klar ausgedrückt • Fühle mich von Daniel hintergangen
Eskalationsstufe	Stufe 3	Stufe 3
Interessen, Ziele, Absichten	• Befördert werden • Passiver Widerstand	• Gesicht wahren (Beförderung unvorsichtigerweise ausgesprochen) • Autorität wahren
Nutzen und Schaden	• Suche den Machtkampf mit Jürg • Riskiere Kündigung durch Jürg	• Meine Position stärken als konsequenter Vorgesetzter, der auf Leistung zählt • Nehme Kündigung von Daniel in Kauf
Hoffnungen	• Entgegenkommen von Jürg, wenn ich mein kritisches Verhalten ändere	• Mit einem Kompromiss kann ich Daniels Engagement zurückgewinnen
Befürchtungen	• Imageverlust im Team • Muss kündigen, wenn nichts passiert	• Ausweitung des Konflikts auf das Team (schlechte Stimmung, Reibereien) • Verlust eines guten Mitarbeiters
Konfliktlösung	• Aussprache, evtl. Moderation durch einen Dritten • Kompromiss finden (evtl. Teilnahme in anderem Projekt)	• Aussprache, evtl. Moderation durch einen Dritten • Kompromiss finden (Beförderung nach Bewährungszeit)

Zusammenfassung

Ziele der systematischen Konfliktanalyse:

- Hintergründe des Konflikts verstehen
- Einsicht bei den Konfliktparteien zur Konfliktbewältigung erlangen
- Konfliktparteien zusammenführen

Als Voraussetzung für eine Konfliktanalyse müssen die Parteien **drei Sichtweisen** einnehmen:

1. Die eigene Sicht (Ich)
2. Die Sicht der anderen Konfliktpartei (Du)
3. Die Sicht des neutralen Beobachters (Metaebene)

Gelingt es nicht, die neutrale Beobachterposition selbst einzunehmen, braucht es hierfür eine Drittperson, die bei Konflikten zwischen Mitarbeitenden meist die Führungskraft ist.

Das **Konfliktanalyseraster** dient als Strukturierungshilfe für die systematische Analyse. Es enthält alle relevanten Analysefragen zu den Punkten:

- Konfliktursachen
- Konfliktparteien
- Konfliktart
- Konfliktverhalten
- Eskalationsstufe
- Interesse, Ziele, Absichten
- Nutzen und Schaden
- Hoffnungen und Befürchtungen
- Mögliche Konfliktlösungen

Repetitionsfragen

15 Welches Ziel der Konfliktanalyse wird in den folgenden Aussagen angesprochen?

A] «Um einen Konflikt lösen zu können, muss man ihn zunächst erkennen.»

B] «Ohne Konfrontation lassen sich keine gemeinsamen Lösungen entwickeln.»

C] «Die Parteien müssen die bisherige Entwicklung durchbrechen wollen.»

16 Analysieren Sie das folgende Fallbeispiel mithilfe der Fragen:

A] Welche Ursachen stellen Sie in diesem Konflikt fest?

B] Um welche Konfliktart handelt es sich?

C] Auf welcher Eskalationsstufe befindet sich der Konflikt?

D] Welche Folgen könnte der Konflikt nach sich ziehen, wenn nichts passiert?

Fallbeispiel Im Marketing stehen die Zeichen seit einigen Wochen auf Sturm. Auslöser war wohl der neue Webauftritt der Firma, bei dem der Marketingleiter Claudio das Teilprojekt «Produkt- und Dienstleistungsseite» leitet. Karin, die neue Kundendienstleiterin, und Jan, der Verkaufsleiter, favorisierten verschiedene Lösungsvarianten. Beide argumentierten für ihre Variante überzeugend und hartnäckig. Als man nach langem Hin und Her zu einer Entscheidung kommen musste, unterlag Jan. Claudio stimmte für Karins Variante. Während sie unverhohlen ihre Freude zeigte, akzeptierte Jan die Entscheidung nur widerwillig.

Daran scheint sich bis heute nichts geändert zu haben, denn inzwischen hat Jan mit Claudio mehrmals das Gespräch über Kompetenzabgrenzungen zwischen Verkauf und Kundendienst gesucht. Aber auch in Karins Team wird vermehrt in gehässigem Ton über die Zusammenarbeit mit dem Verkauf gesprochen. Deutlich wird das auch in den gemeinsamen Sitzungen: Kaum ein Traktandum, bei dem zwischen Jan und Karin nicht ein Disput ausbricht. Claudio weiss, dass er nun einschreiten muss …

17 Erklären Sie in zwei bis drei Sätzen, weshalb es wichtig ist, sich bei der Konfliktanalyse nicht nur auf die eigene Sichtweise zu konzentrieren.

Praxisaufgaben

1	**Analyse einer aktuellen Konfliktsituation**
	Analysieren Sie eine aktuelle Konfliktsituation in Ihrem eigenen Team oder Ihrem beruflichen Umfeld.
	Stellen Sie dafür ein geeignetes Konfliktanalyseraster zusammen und füllen Sie es möglichst vollständig aus.

6 Konflikte bearbeiten

Lernziele Nach der Bearbeitung dieses Kapitels können Sie ...

- erklären, auf welchen Voraussetzungen ein erfolgreiches Konfliktmanagement basiert.
- die Grundsätze des Harvard-Konzepts für Verhandlungen beschreiben.
- die Moderationsrolle aufgrund der Eskalationsstufe eines Konflikts bestimmen.

Schlüsselbegriffe Gesprächsmoderator, gewaltfreie Kommunikation, Harvard-Konzept, Initiator, Interessenausgleich, Konfliktgespräch, Konfliktmanagement, Konfliktmoderator, Lose-lose-Haltung, Macht, Machtinstanz, Mediator, Moderationsrolle, Problemlösungskriterien, Recht, Regeln, Schlichter, Vereinbarungen, Vermittler, Win-lose-Haltung, Win-win-Haltung

Einen Teufelskreis durchbrechen – das ist das Hauptziel der Konfliktbearbeitung: den fortwährenden Kampf um Sieg oder Niederlage aufhalten und in eine Lösungsstrategie umwandeln, von der alle profitieren.

6.1 Erfolgreiches Konfliktmanagement

Als wichtigste **Voraussetzungen** für ein erfolgreiches Konfliktmanagement gelten:[1]

- Als Ziel wird immer ein **gerechter Interessenausgleich** angestrebt.
- Der gerechte Interessenausgleich ist nur möglich, wenn die Konfliktparteien sowohl für den eigenen Anteil am Konflikt als auch für dessen Bewältigung die **Verantwortung übernehmen**.
- Im Umgang miteinander darf **niemand das Gesicht verlieren**. Die Auseinandersetzung beschädigt nicht die Beziehung zum anderen, sondern verbessert sie wenn möglich sogar.
- Ein gerechter Interessenausgleich setzt die Bereitschaft voraus, sich in den **Standpunkt des Gegenübers** einzufühlen und ihn zu verstehen. Verstehen bedeutet nicht zwangsläufig, damit einverstanden zu sein.
- Zur Verantwortungsbereitschaft gehört auch, dass jede Konfliktpartei ihren Beitrag leistet zur **Entwicklung von Lösungsansätzen,** anstatt alles vom Gegenüber zu verlangen.
- In der Sache **darf hart verhandelt werden,** wo dies notwendig erscheint. Eigene Wünsche und Bedürfnisse werden jedoch so angemeldet, dass sie das Gegenüber nicht angreifen.
- Mögliche **Handlungsspielräume** werden gesucht, gefunden und auch ausgeschöpft.
- Manchmal ist es sinnvoll, einen Konflikt nicht auszutragen. Dann ist der momentane Ärger zugunsten eines **wichtigeren Ziels** zurückzustellen.

6.2 Konstruktive Lösungen dank dem Harvard-Konzept

Das Harvard-Konzept, das an der Harvard-Universität entwickelt wurde, ist eine bekannte Methode, um **Verhandlungen sachgerecht** zu führen.[2] Sachgerecht meint: hart in der Sache, kulant (entgegenkommend, weich) im Umgang mit den Verhandlungspartnern. Das Harvard-Konzept basiert auf der **Win-win-Haltung** und wird heute vielerorts als Leitfaden für erfolgreiches Verhandeln verwendet.

---

[1] Hugo-Becker, Annegret; Becker, Henning: Psychologisches Konfliktmanagement, München 2004.
[2] Fisher, Roger; Ury, William; Patton, Bruce: Das Harvard-Konzept. Sachgerecht verhandeln – erfolgreich verhandeln, Frankfurt / Main 2004.

Abb. [6-1] Vier Problemlösungskriterien nach dem Harvard-Konzept

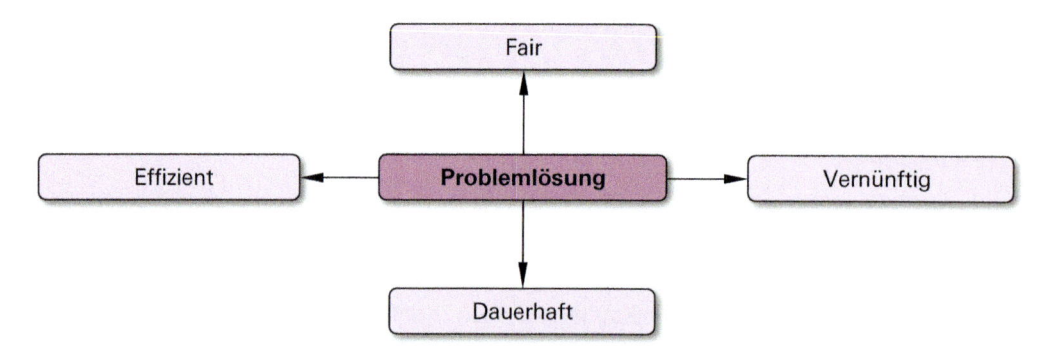

```
              Fair
                ↑
Effizient ← Problemlösung → Vernünftig
                ↓
            Dauerhaft
```

Gemäss dem Harvard-Konzept zeichnen sich gute Verhandlungsergebnisse und somit eine konstruktive Problemlösung durch **vier Kriterien** aus:

1. **Vernünftige,** sachgerechte Übereinkunft
2. **Dauerhafte,** nachhaltig wirkende Lösung
3. **Effiziente,** d. h. wirkungsvolle Massnahmen
4. **Faire,** das Verhältnis zwischen den Parteien verbessernde Ergebnisse

Um diese Kriterien zu erfüllen, betrachtet das Harvard-Konzept **vier Grundaspekte,** von denen sich jeder auf ein Grundelement des Verhandelns bezieht und verdeutlicht, wie man damit umgehen soll.

Abb. [6-2] Grundelemente und Aspekte des Harvard-Konzepts

Grundelement	Grundaspekt
Menschen	Menschen und Probleme voneinander trennen
Interessen	Interessen und nicht Positionen in den Mittelpunkt stellen
Möglichkeiten	Alternative Wahlmöglichkeiten entwickeln
Kriterien	Objektive Entscheidungskriterien beiziehen

6.2.1 Menschen und Probleme voneinander trennen

Die persönlichen Beziehungen vermischen sich leicht mit den anstehenden Problemen. Es besteht die Gefahr, dass sich die Konfliktparteien gegenüber den Sachargumenten der anderen Seite verschliessen. In jeder Verhandlungssituation, besonders auch im Konfliktfall, geht es um die beiden Ebenen, die sich **gegenseitig beeinflussen:**

- Die **Sachebene,** also den Grund des Treffens
- Die **Beziehungsebene,** also die beteiligten Menschen, Sympathien und Antipathien usw.

Beide Ebenen müssen beachtet werden, und zwar strikt voneinander getrennt. So darf die sachbezogene Ebene durch die zwischenmenschliche Ebene nicht negativ beeinflusst werden.

6.2.2 Interessen und nicht Positionen in den Mittelpunkt stellen

Jede Konfliktpartei geht in der Regel mit einer **vorgefassten Meinung,** einer **klaren Haltung** und einem **fixen Standpunkt** in das Konfliktgespräch. Jede vertritt ihre Position und feilscht darum. Interessen sind dagegen die stillen **Beweggründe hinter einer Position,** also die Motive, Wünsche und Sorgen einer Konfliktpartei.

Die nachfolgende Geschichte steht stellvertretend für die meisten Verhandlungssituationen.

Beispiel

Zwei Männer streiten in einer Bibliothek. Der eine möchte das Fenster offen haben, der andere geschlossen. Sie diskutieren heftig, wie weit man das Fenster öffnen soll: einen Spalt weit, halb oder drei Viertel offen. Keine der Lösungsvarianten befriedigt die Männer. Die Bibliothekarin kommt herein. Sie fragt den einen, weshalb er denn das Fenster öffnen möchte. «Ich brauche frische Luft.» Sie fragt den anderen, weshalb er das Fenster lieber geschlossen halte. «Wegen der Zugluft; ich hatte eben eine starke Erkältung.» – Nach kurzem Nachdenken öffnet die Bibliothekarin im Nebenraum ein grosses Fenster. Auf diese Weise kommt frische Luft hinein, ohne dass es zieht.

Hätte sich die Bibliothekarin nur auf die Positionen der beiden Männer eingelassen, hätte sie sicher keine Lösung gefunden. Sie hat sich aber auf die Interessen hinter diesen Positionen konzentriert: frische Luft einerseits, Vermeidung von Zugluft andererseits. So konnte sie eine mögliche Lösung für alle Beteiligten bewirken.

Quelle: Fisher, Roger; Ury, William; Patton, Bruce: Das Harvard-Konzept. Sachgerecht verhandeln – erfolgreich verhandeln, Frankfurt / Main 2004

Positionen von Interessen zu unterscheiden, ist erfolgsbestimmend: Um ein für alle Parteien optimales Ergebnis zu erzielen, sind nicht die Positionen, sondern die **Interessen in Einklang zu bringen.** Die Suche nach den jeweiligen Interessen ist somit für die Konfliktlösung zentral. Wenn die Parteien sich diese bewusst machen und auch offen aussprechen, tragen sie viel zur Situationsklärung bei.

6.2.3 Alternative Wahlmöglichkeiten entwickeln

Für viele Menschen gehört das Entwickeln von Lösungsmöglichkeiten nicht zum Konfliktlösungsprozess. Oft sehen die Beteiligten ihre Aufgabe darin, die **Differenz zwischen den Positionen zu verkleinern,** anstatt die verfügbaren Optionen zu erweitern. In der Praxis überwiegen deshalb vorschnelle Lösungen, die aus einem **faulen Kompromiss** entstehen und sich deshalb über kurz oder lang als untauglich erweisen werden.

Verfügbare **Optionen erweitern** bedeutet – bildlich gesprochen – den Fächer der Lösungsmöglichkeiten so weit wie möglich öffnen. In diesem kreativen Prozess geht es um die Möglichkeiten zum «Brückenschlag» zwischen den verschiedenen Interessen. Es ist eine Suche nach dem **Sowohl-als-auch** und nicht nach dem Entweder-oder. Die Parteien konzentrieren sich nicht nur auf Eigeninteressen, sondern sind an Lösungen interessiert, die auch die Interessen der anderen Konfliktpartei berücksichtigen. Idealerweise finden sie auf diese Weise einen Lösungsweg, den sie zunächst gar nicht in Betracht gezogen haben.

Auf der Suche nach Vorteilen für beide Konfliktparteien unterscheidet man zwischen

- dem **kreativen Suchen:** «Welche Lösungen sind denkbar?» und
- dem Suchen nach **praktikablen Lösungen:** «Welche Lösungen sind praktisch sinnvoll?»

6.2.4 Objektive Entscheidungskriterien beiziehen

Dieser Aspekt ist für das Verhandlungsergebnis ähnlich wichtig wie das Fundament beim Hausbau. Das Verhandlungsergebnis muss auf Tatsachen sowie auf gemeinsam getragenen, realistischen und objektiven Kriterien beruhen:

- **Objektive Kriterien** machen den Prozess für alle Parteien besser fassbar und nachvollziehbar und erleichtern die Entscheidungsfindung.
- **Tatsachenbasierte Entscheidungen** ermöglichen gute Ergebnisse. Wenn die Verhandlungspartner ihre Entscheidungen – absichtlich oder unabsichtlich – auf unwahren Tatsachen aufbauen, erzielen sie kein brauchbares Ergebnis und es entstehen erneut Missverständnisse – und damit wiederum Konfliktpotenzial.

6.3 Wege zur Konfliktlösung

Grundsätzlich können Sie auf drei Arten die bisherige Konfliktdynamik durchbrechen und auf eine Konfliktlösung hinsteuern:

1. **Macht** anwenden: z. B. Geld, Hierarchie, Gewalt, Beziehung
2. **Recht** oder **Regeln** durchsetzen: z. B. Rechtsinstanzen, Vorschriften
3. **Interessen** der Beteiligten ausgleichen

Machtanwendung oder **Rechtsentscheide** gehen von einer **Win-lose-Haltung** aus. Der Konflikt wird nicht in einem partnerschaftlichen Prozess bearbeitet, sondern es wird eine Entscheidung «von aussen» vorgegeben. Es besteht die Gefahr, dass sich die am Konflikt Beteiligten offen oder versteckt dagegen wehren, den Konflikt nicht beenden oder die verordnete Entscheidung zum Anlass für einen Folgekonflikt nehmen.

Eine Konfliktlösung baut auf einem **Interessenausgleich** auf, wenn

- sich **gleichberechtigte Partner** mit einer Win-win-Haltung treffen,
- eine **faire Auseinandersetzung** stattfindet und aus Betroffenen Beteiligte werden,
- die **Vertrauensbasis** die gemeinsame Klärung, tragfähige Entscheidungen und die allseitige Verbindlichkeit fördert.

Trotz dem Wunsch nach einem partnerschaftlichen Interessenausgleich und der Einsicht, dass er in den meisten Fällen sinnvoller wäre, geschieht nicht selten das Gegenteil: Konflikte werden mithilfe von Macht, Recht oder Regeln «gelöst».

Abb. [6-3]   Ist- und Wunsch-Situation bei Konfliktlösungen

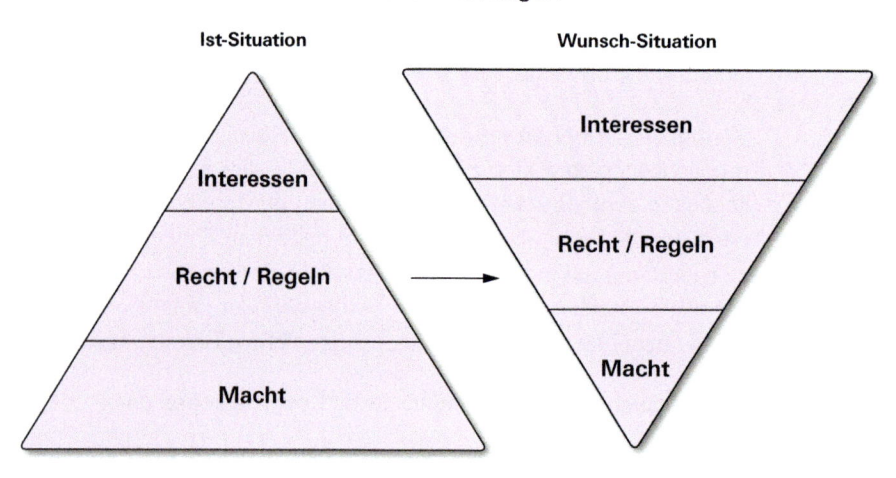

Das Konzept der gewaltfreien Kommunikation vertritt diese Win-win-Haltung und strebt den partnerschaftlichen Interessenausgleich an.

6.4 Gewaltfreie Kommunikation

Die gewaltfreie Kommunikation (GfK) ermöglicht, mit anderen Personen so in Kontakt zu kommen, dass man sich **verbindet** und nicht entzweit. Es geht dabei sowohl um die **Haltung** als auch um die **Sprache**. Entwickelt hat das Konzept der gewaltfreien Kommunikation der amerikanische Psychologe und Mediator Marshall B. Rosenberg. Es beruht auf der Erkenntnis, dass Menschen dann bereit sind, aufeinander einzugehen und gegebenenfalls auch ihr Verhalten zu ändern, wenn sie darauf vertrauen können, mit ihren Gefühlen, Anliegen und Bedürfnissen **ernst genommen** zu werden.

Die gewaltfreie Kommunikation setzt sich aus vier Schritten zusammen und betrifft die beiden Seiten der Kommunikation: wie ich etwas sage und wie ich zuhöre.

6.4.1 Zwei Seiten

Im Gespräch tauschen wir uns gegenseitig aus. Ich richte meine Aufmerksamkeit einerseits auf das, was ich sage, andererseits auf das, was ich höre. Bei der gewaltfreien Kommunikation bedeutet diese wechselseitige Aufmerksamkeit:

- Ich zeige mich **aufrichtig,** indem ich der anderen Person **sage, was ich brauche.**
- Ich zeige mich **empathisch**[1], indem ich **höre, was die andere Person braucht.**

Abb. [6-4] Zwei Seiten der gewaltfreien Kommunikation

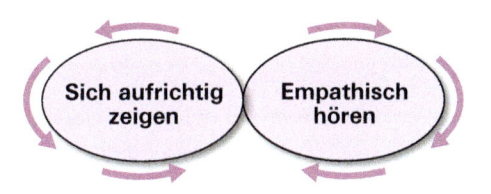

6.4.2 Vier Schritte

Die vier Schritte in der gewaltfreien Kommunikation lassen sich in einem Satz zusammenfassen: Eine **Beobachtung** (Schritt 1) löst bei mir ein **Gefühl** aus (Schritt 2), das mit einem **Bedürfnis** verbunden ist (Schritt 3) und mich darum zu einer **Bitte** (Schritt 4) veranlasst.

Abb. [6-5] Vier Schritte in der gewaltfreien Kommunikation

Beobachtung → Gefühl → Bedürfnis → Bitte

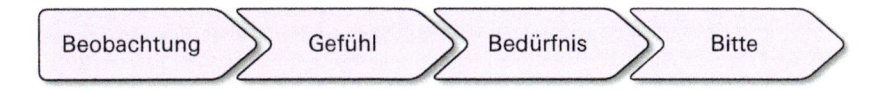

Schritt 1: Beobachtung (statt Interpretation)

Der erste Schritt gelingt, wenn ich ausschliesslich das beobachtete Verhalten beschreibe. Diese Beschreibung ist möglichst **sachlich, anschaulich** und **genau.** Sie bezieht sich auf eine konkrete Situation in einem bestimmten Zeitpunkt. Vermische ich eine Beobachtung nämlich mit der Interpretation bzw. Beurteilung dieser Beobachtung, hört das Gegenüber verständlicherweise oft Kritik und nimmt daraufhin eine Verteidigungsposition ein. Wenn hingegen die Interpretation wegfällt, fördert dies beim Gegenüber die Bereitschaft, zuzuhören und sich zu öffnen.

Beispiel

Beobachtungen ausdrücken (statt interpretieren):
- «Ich habe beobachtet / festgestellt, dass …» (statt: «Du bist / hast / solltest doch …»)
- «Nun sind wir zum zweiten Mal in dieser Situation …» (statt: «Es ist immer wieder dasselbe …»)
- «Mir ist bewusst / klar …» (statt: «Das ist doch klar …»)

Schritt 2: Gefühl (statt Denken)

Im zweiten Schritt äussere ich mich zu meiner **Befindlichkeit** und meinen **Gefühlen.** Wie beim ersten Schritt ist auch hier Genauigkeit wichtig: Ich trenne die Gefühle von Gedanken und Urteilen und achte auch sprachlich darauf, dass ich diese Gefühle möglichst klar benenne.

Marshall B. Rosenberg hat **Wörterlisten** für positive (d. h. gute) und für negative (d. h. ungute) Gefühle verfasst. Wir zeigen eine kleine Auswahl davon.

[1] Bereit und fähig, sich in die Einstellung anderer Menschen einzufühlen.

Beispiel Geeignete Wörter für positive und negative Gefühle: «Ich bin …»

Positive Gefühle	• Froh, berührt, erleichtert, zuversichtlich, fröhlich, glücklich … • Erfüllt, fasziniert, sorglos, bewegt, unbekümmert, beschwingt … • Friedlich, gelassen, entspannt, ruhig, sicher, munter, behaglich …
Negative Gefühle	• Traurig, bestürzt, ohnmächtig, frustriert, hilflos, betroffen … • Wütend, genervt, zornig, aufgewühlt, gehässig, verbittert … • Müde, apathisch, erschöpft, ausgelaugt, mitgenommen …

Schritt 3: Bedürfnis (statt Strategie)

Es bedarf einiger Übung, persönliche Bedürfnisse und Anliegen zu erkennen und sie dann auch zu benennen. Gefühle helfen dabei, denn sie drücken meine Bedürfnisse aus: Wenn ich ein starkes Gefühl empfinde, liegt ihm ein **grosses persönliches Bedürfnis** zugrunde. Dieses Bedürfnis muss ich mir zuerst klarmachen, damit ich es in Worte fassen kann.

Strategien hingegen sind ganz bestimmte Vorstellungen, die ich im Kopf habe, um ein bestimmtes Bedürfnis zu befriedigen bzw. meine Ziele zu erreichen. Der anderen Person bleibt nur die Möglichkeit, dazu Ja oder Nein zu sagen, und sie sieht sich gezwungen, auszuweichen, sich zu rechtfertigen oder zu verteidigen. Ich muss mir deshalb bewusst sein, dass das, was ich als Bedürfnis äussere, auch wirklich mein persönliches Bedürfnis ist und nicht bereits Teil meiner Strategie.

Beispiel Bedürfnisse formulieren (statt Strategien):
- «Ich brauche …» (statt: «Ich will …»)
- «Für mich ist wichtig / wertvoll, dass …» (statt: «Man müsste …»)

Schritt 4: Bitte (statt Forderung)

Aus einem Bedürfnis entsteht eine Bitte um ein konkretes Verhalten. Durch Bitten statt Fordern strebe ich **gleiche Augenhöhe** mit meinem Gegenüber an. Dieser vierte Schritt ist deshalb für das Erzielen von **Win-win-Situationen** entscheidend. Ich bitte im Konfliktfall um das, was zur Verbesserung der Beziehung und zum gegenseitigen Einvernehmen beiträgt.

Bitte sagen allein genügt natürlich nicht, denn es geht um die **innere Haltung,** jemanden um etwas zu bitten, statt etwas von ihm zu fordern. Am besten erkennen Sie den Unterschied an Ihrer eigenen Reaktion: Reagieren Sie ungehalten, wenn die andere Person Ihre vermeintliche «Bitte» ausschlägt, haben Sie wahrscheinlich eine Forderung gestellt.

6.5 Moderationsrollen bei Konfliktlösungen

Die Bereitschaft der Konfliktparteien, die weitere Eskalation zu durchbrechen, ist die wichtigste Voraussetzung für die Konfliktlösung. Um die Konfliktlösung aktiv anzugehen, brauchen die Parteien aber oft einen Anstoss oder die Einmischung (Intervention) von aussen. Bei Teamkonflikten ist dies grundsätzlich eine **Führungsaufgabe.** Nicht immer ist die Führungsperson aber die geeignete Person, bei der Konfliktlösung zu moderieren. Je nach Fall ist dafür **eine neutrale Drittperson** beizuziehen, die das Vorgehen begleitet, zwischen den Konfliktparteien vermittelt oder auch gezielt in das Geschehen eingreift.

Je weiter ein Konflikt fortgeschritten ist, desto weniger sind die Konfliktparteien imstande, ihn selbst zu lösen. Für die Moderationsrolle ist also entscheidend, in welcher Eskalationsphase sich ein Konflikt befindet:

- In der Win-win-Phase der Eskalationsstufen 1 bis 3 können die Konfliktparteien den Konflikt selbst lösen. Eine Drittperson kann bei der Hilfe zur Selbsthilfe unterstützend wirken und die Rolle des Initiators oder des Konfliktmoderators übernehmen.
- In den Eskalationsstufen 4 bis 6 gelangt der Konflikt in die Win-lose-Phase. Die Vermittlungshilfe von aussen in der Rolle des Prozessbegleiters oder des Mediators ist zwingend nötig, um diese Dynamik zu durchbrechen.
- Ist der Konflikt in die Lose-lose-Phase der Eskalationsstufen 7 bis 9 geraten, ist eine Entscheidung von aussen durch den Schlichter oder die Machtinstanz angezeigt, da die Konfliktparteien nicht mehr in der Lage sind, selbst eine Lösung herbeizuführen.

Abb. 6-6 zeigt den Zusammenhang zwischen der Eskalation und den Moderationsrollen.

Abb. [6-6]   Eskalationsphasen und Moderationsrollen

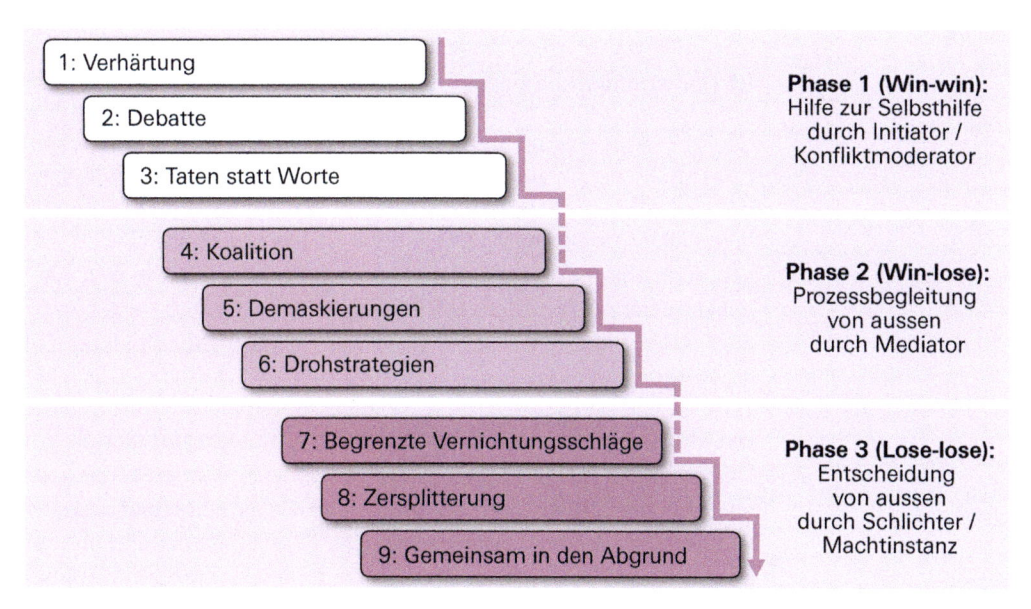

Eskalationsstufen	Phase
1: Verhärtung	Phase 1 (Win-win): Hilfe zur Selbsthilfe durch Initiator / Konfliktmoderator
2: Debatte	
3: Taten statt Worte	
4: Koalition	Phase 2 (Win-lose): Prozessbegleitung von aussen durch Mediator
5: Demaskierungen	
6: Drohstrategien	
7: Begrenzte Vernichtungsschläge	Phase 3 (Lose-lose): Entscheidung von aussen durch Schlichter / Machtinstanz
8: Zersplitterung	
9: Gemeinsam in den Abgrund	

In den folgenden Abschnitten gehen wir auf die unterschiedlichen Moderationsrollen ein und halten fest, ob und wie Sie als Führungsperson eine solche Rolle übernehmen können.

6.5.1 Hilfe zur Selbsthilfe in den Eskalationsstufen 1 bis 3

Bei Konflikten, die sich noch in der Win-win-Phase befinden, übernehmen Sie als Führungsperson oder eine andere Drittperson vor allem zwei mögliche Rollen: diejenige des Initiators oder des Konfliktmoderators.[1]

A] Der Initiator

Der Initiator sorgt dafür, dass die Konfliktparteien eine Konfliktlösung selbst angehen. Er beteiligt sich nicht an der Konfliktbearbeitung und -lösung.

---

[1] Nach Jiranek, Heinz; Edmüller, Andreas: Konfliktmanagement, Freiburg / Berlin / München 2003.

Als Führungskraft finden Sie sich in dieser Rolle, wenn Sie eine empfindliche Störung im Team feststellen, die sich als **Konflikt im Frühstadium** erweisen könnte. In einem solchen Fall ist es wichtig, dass Sie die Situation gezielt ansprechen und in ihrer **Entwicklung stoppen**. Als Initiator legen Sie Ihre Befürchtungen offen. Falls diese sich bestätigen, fordern Sie von den Konfliktparteien unmissverständlich eine Lösung ein und weisen ihnen die Verantwortung dafür zu. Nur wenn diese sich **nicht eigenständig einigen** können, bieten Sie sich als Gesprächsmoderator an.

Beispiel	Irma, Teamleiterin einer Montageeinheit, beobachtet, dass ihre Mitarbeitenden Ralph und Monika immer öfter auf Konfrontationskurs gehen. Dies macht sich unter anderem in Teamsitzungen bemerkbar, wo sich die beiden anfeinden. Aber auch in der Leistung: Die Fehlerquote hat in letzter Zeit auffallend zugenommen.
	Durch entsprechende Bemerkungen von anderen Mitarbeitenden im Team sieht Irma ihre Konfliktbefürchtungen bestätigt. Sie lädt darum Ralph und Monika zu einem Gespräch ein. Dabei konfrontiert sie die beiden mit den Auswirkungen ihres Verhaltens und fordert sie auf, den Konflikt unverzüglich zu bereinigen. Sollten Monika und Ralph zum Schluss kommen, dass sie den Konflikt nicht alleine bewältigen können, erwartet Irma von ihnen einen Vorschlag für ein mögliches Vorgehen. In jedem Fall sichert sie dabei ihre Unterstützung zu.

B] Der Konfliktmoderator

Der Konfliktmoderator übernimmt im Konfliktgespräch die Gesprächsleitung. Diese Rolle kann übernehmen, wer zu allen Konfliktparteien ein **Vertrauensverhältnis** hat.

In Konflikten zwischen Mitarbeitenden ist dies grundsätzlich eine **Führungsaufgabe**. Sie können auch eine **neutrale Drittperson** beiziehen, wenn Sie sich für die Moderation als nicht geeignet sehen. Trotzdem sind Sie als Führungsperson dafür verantwortlich, dass der Fall geklärt wird, und sollten sich deshalb beim eingesetzten Moderator über den Prozess der Konfliktbearbeitung informieren.

Die Moderationsaufgabe besteht darin, das Konfliktgespräch so zu **strukturieren,** dass die Ursachen und Probleme gemeinsam aufgedeckt werden können, und die nötigen Verständnis- und **Klärungsfragen** zu stellen. Der Gesprächsablauf muss transparent, d. h. für alle nachvollziehbar sein. Für die eigentliche Konfliktbearbeitung und -lösung bleiben jedoch die Konfliktparteien verantwortlich. Der Moderator unterstützt sie dabei lediglich; er greift nicht weiter ins Geschehen ein und bleibt im Hintergrund.

Beispiel	Ralph und Monika ist klar, dass ihre Vorgesetzte Irma ins Schwarze getroffen hat. Beide sehen ein, dass sie sich dringend einmal aussprechen müssen, sind aber unsicher, wie sie dies angehen sollen. Sie kommen überein, dass es besser wäre, wenn eine Drittperson diese Aussprache leiten würde. Darum bitten sie Irma, das Gespräch zu moderieren.
	Irma erklärt sich dazu bereit, vereinbart einen Gesprächstermin und bittet Ralph und Monika, sich anhand einiger Fragen aus dem Konfliktanalyseraster auf die Aussprache vorzubereiten.

Wenn Sie als Führungsperson die Konfliktmoderation übernehmen, müssen Sie sich über Ihre **Rolle** im Klaren sein:

- Was beinhaltet Ihre **Moderationsaufgabe** (im Gegensatz zur Führungsaufgabe), was aber nicht?
- Sind Sie bereit, den Konfliktparteien die alleinige **Verantwortung zu überlassen** für die Lösungsschritte?

6.5.2 Prozessbegleitung von aussen in den Eskalationsstufen 4 bis 6

Ab der vierten Eskalationsstufe sind Konflikte bereits so weit eskaliert, dass die Beteiligten nicht mehr in der Lage sind, selbst zu einer Lösung zu gelangen. Die verhärteten Fronten sind unübersichtlich oder unklar. Die Emotionen nehmen überhand und verdrängen die Auseinandersetzung mit der eigentlichen Konfliktursache. Die Konfliktparteien bleiben an negativen Meinungen übereinander und an gegenseitigen Schuldzuweisungen hängen.

Die Konfliktparteien können häufig kein vernünftiges Gespräch mehr führen oder sind schon gar nicht mehr gesprächsbereit. Eine Gesprächsmoderation reicht darum nicht aus und es braucht zwingend eine Vermittlung und **Klärungshilfe von aussen.** Diese Rolle übernimmt der **Mediator als unparteiischer Vermittler** zwischen den Konfliktparteien. Er greift insofern in das Konfliktgeschehen ein, als er die **Gesprächsbereitschaft** wiederherzustellen versucht, um dadurch die Grundlage für eine konstruktive Konfliktklärung zu schaffen. Sein Ziel ist es, den Konfliktparteien zu helfen, ihre eigene Situation realistisch zu sehen, und sie dadurch zu einer eigenverantwortlichen, selbstständigen Lösungsfindung zu bewegen.

Die Hauptaufgaben eines Mediators sind demzufolge:

- Die Konfliktursachen und die Konfliktsituation mit den Konfliktparteien zusammen systematisch analysieren
- Die Gesprächsbereitschaft für Sach- und Beziehungsfragen wiederherstellen
- Einen Rahmen schaffen für eine faire Kommunikation und die gemeinsame Klärung
- Die Verhandlungsbereitschaft der Konfliktparteien entwickeln, Sichtweisen erweitern
- Die Konfliktparteien bei der Lösungssuche beraten, Lösungsmöglichkeiten aufzeigen
- Die Beteiligten beim Umsetzen der Lösungsschritte unterstützen

Hinweis

«Mediation» stammt aus dem Lateinischen und bedeutet «Vermittlung». Ein Mediationsverfahren wird bei Trennungen, Scheidungen, Kündigungen und anderen strittigen Entscheidungen eingesetzt. Nachfolgend finden Sie dazu zwei Definitionen aus anerkannten Quellen:

- Gemäss dem schweizerischen Anwaltsverband (SAV) ist Mediation «ein aussergerichtliches Streitbeilegungsverfahren, in dem ein oder mehrere unabhängige und unparteiliche Dritte (Mediatorinnen, Mediatoren) die Konfliktparteien darin unterstützen, ihren Konflikt auf dem Verhandlungsweg eigenverantwortlich und einvernehmlich zu lösen.»
Quelle: http://mediation.sav-fsa.ch
- Gemäss dem schweizerischen Dachverband Mediation (SDM) ist Mediation «ein Verfahren der Konfliktbearbeitung, bei dem ein unparteilicher Dritter (Mediator) die Beteiligten darin unterstützt, ihren Streit einvernehmlich zu lösen. In vertraulichen Verhandlungen entscheiden die Parteien selbst, was sie klären und wie sie in Zukunft miteinander umgehen wollen.»
Quelle: http://www.infomediation.ch

Die Rolle des Mediators ist oftmals **mit der Vorgesetztenfunktion schlecht vereinbar,** weil das Risiko zu gross ist, selbst zur Konfliktpartei gemacht oder auf eine Seite gezogen zu werden. In Konfliktfällen, die sich über eine längere Zeitspanne hingezogen haben, sind Sie als Führungsperson insofern nicht mehr neutral und unparteiisch, als Sie bereits auf die eine oder andere Art eingegriffen haben. Dadurch gelten Sie automatisch als **voreingenommen.**

6.5.3 Entscheidung von aussen in den Eskalationsstufen 7 bis 9

Ab der siebten Eskalationsstufe sind die Konfliktparteien auf einem **destruktiven Kurs** angelangt, der ihnen den Weg zu einer eigenständigen Lösung vollends verstellt. Es geht ihnen nämlich nur noch darum, weniger Schaden als die Gegenpartei zu erleiden. Eine Entscheidung von aussen ist daher unumgänglich. Sie wird durch den Schlichter oder die Machtinstanz erzwungen.

A] Der Schlichter

Wenn die Konfliktparteien ausserstande sind, sich auf eine bestimmte Lösung zu einigen, braucht es dafür einen Schlichter. Er hat folglich die Aufgabe, den Parteien die **am besten geeignete Lösung vorzuschlagen**. Dabei ist er zu einer strikten **Interessenneutralität** verpflichtet. Er legt die Rahmenbedingungen für die Entscheidungsfindung offen und ermöglicht es dadurch, den Konfliktparteien die Verantwortung zur Lösungsumsetzung zu übertragen.

Natürlich könnte auch ein Vorgesetzter schlichtend eingreifen, doch sehen ihn die Konfliktparteien aufgrund dieser Funktion nicht als neutral an.

B] Die Machtinstanz

In fortgeschrittenen Konfliktsituationen wollen oder können die Parteien keine Lösung finden oder aber sie sehen einfach keine mehr. Deshalb muss hier eine Drittperson einschreiten, für die Konfliktparteien die **Lösungsfindung übernehmen und durchsetzen**. Häufig geschieht dies auch **gegen den Willen der Konfliktparteien**.

Das eigentliche Ziel dieses Machteingriffs ist, einen noch grösseren Schaden für die Konfliktparteien oder für deren Umfeld zu verhindern. Nur eine Instanz, die wirksame **Sanktionen** ergreifen kann, sofern die Konfliktparteien gegen die vereinbarte Lösung verstossen, kann so eingreifen. In Unternehmen haben **Vorgesetzte** und **Aufsichtsorgane** diese Befugnisse.

Beispiel

Als Vorgesetzte hat sich Martina vergeblich um die Lösung eines Konflikts bemüht, der seit Langem zwischen zwei Mitarbeitenden schwelt. Offensichtlich wurden die in mehreren Gesprächen vereinbarten Lösungen von beiden Seiten nicht eingehalten, denn erneut sind Streitigkeiten ausgebrochen, die das Klima auch im restlichen Team zunehmend vergiften und die Zusammenarbeit massiv behindern.

Martina sieht nur einen Ausweg: beiden Mitarbeitenden zu kündigen. Nach reiflicher Überlegung und in Absprache mit dem Personalverantwortlichen entschliesst sie sich, mit dieser Massnahme den Konflikt zu beenden.

Zusammenfassung

Wichtige Voraussetzungen für ein **erfolgreiches Konfliktmanagement** sind:

- Gerechten Interessenausgleich anstreben
- Bereitschaft der Konfliktparteien, Verantwortung zu übernehmen
- Keine Gesichtsverluste
- Bereitschaft, sich in den Standpunkt der Gegenpartei einzufühlen
- Lösungsansätze von allen Parteien
- Harte Verhandlungen in der Sache, ohne die Gegenpartei anzugreifen
- Handlungsspielräume ausschöpfen
- Konflikt nicht austragen, wenn wichtigere Ziele dominieren

Das **Harvard-Konzept** ist ein Modell zur sachbezogenen Verhandlungsführung nach dem Grundsatz «Hart in der Sache, kulant im Umgang».

Vier Aspekte sind für eine **Verhandlung** entscheidend:

1. Menschen und Probleme voneinander trennen.
2. Wichtig sind Interessen und nicht Positionen.
3. Der Brückenschlag erfolgt aufgrund von alternativen Wahlmöglichkeiten.
4. Die Entscheidung beruht auf objektiven Kriterien.

Das Konzept der **gewaltfreien Kommunikation** (GfK) nach Marshall B. Rosenberg strebt eine Haltung und Sprache an, dank der Menschen sich ernst genommen fühlen und dadurch besser aufeinander eingehen und ihr Verhalten ändern können.

Es betrifft beide Seiten der Kommunikation: Aufrichtig etwas sagen und empathisch zuhören.

Die vier Schritte in der gewaltfreien Kommunikation lauten:

1. **Beobachtungen** sachlich, anschaulich und genau beschreiben.
2. **Gefühle** von Gedanken und Urteilen trennen.
3. **Bedürfnisse** benennen, die mir wichtig bzw. wertvoll sind.
4. **Bitten** formulieren, um durch gleiche Augenhöhe eine Win-win-Situation zu erreichen.

Welche Rolle der Konfliktmoderation eine Drittperson einnimmt, hängt von der Eskalationsstufe ab, in der sich der Konflikt befindet:

Phase	Stufe	Moderationsrolle
Win-win	1 Verhärtung	**Selbst lösen, bei Bedarf Hilfe zur Selbsthilfe** durch eine Drittperson (Initiator oder Gesprächsmoderator)
	2 Debatte	
	3 Taten statt Worte	
Win-lose	4 Koalition	**Professionelle Prozessbegleitung von aussen** holen (Vermittler, Mediator)
	5 Demaskierungen	
	6 Drohstrategien	
Lose-lose	7 Begrenzte Vernichtungsschläge	**Entscheidung von aussen** initiieren und durchsetzen (Schlichter, Machtinstanz)
	8 Zersplitterung der Existenzgrundlagen	
	9 Gemeinsam in den Abgrund	

Repetitionsfragen

18	Erklären Sie anhand des folgenden Fallbeispiels in einfachen und verständlichen Worten, worum es bei den vier Hauptfaktoren des Harvard-Konzepts geht.
Fallbeispiel	Stellen Sie sich folgende Situation vor: Immer wieder kommt es in Ihrer Abteilung zu Reibereien, die sich um Fragen drehen wie: Wann und wie lange darf das Fenster geöffnet bleiben? Darf man am eigenen Arbeitsplatz Radio hören? Dürfen am Arbeitsplatz auch warme Mahlzeiten eingenommen werden? – Sie haben sich entschlossen, etwas dagegen zu unternehmen, denn Sie sind überzeugt, dass solche Reibereien die Arbeitsleistungen des Teams beeinträchtigen.
19	Drei Freunde tauschen sich über ihre Erfahrungen im Konfliktmanagement aus. Von welchen Voraussetzungen für ein erfolgreiches Konfliktmanagement sprechen sie?
	A] Angela: «Ich bin überzeugt, dass unser Team an diesem Konflikt gewachsen ist. Wesentlich dazu beigetragen hat der gegenseitige Respekt. Niemand musste befürchten, ausgebootet zu werden.»
	B] Boris: «Was mir am wichtigsten erscheint: die Bereitschaft aller, ihren Teil am Konflikt und an dessen Lösung mitzutragen.»
	C] Corinne: «Viele verwechseln Verständnis mit Einverständnis. Es geht darum, die Ansichten der Gegenseite zu begreifen, nicht darum, mit ihr übereinzustimmen.»

20   Ordnen Sie die folgenden Aussagen der zutreffenden Moderationsrolle zu.

A] «Ich verhalte mich wie ein Schiedsrichter. Meine Aufgabe ist es, im Hintergrund zu bleiben, aber dafür zu sorgen, dass die Regeln eingehalten werden.»

B] «Ich biete unparteiische Unterstützung und Vermittlung von aussen und bemühe mich darum, dass die Konfliktparteien miteinander wieder ins Gespräch kommen.»

C] «Wenn ich in meinem Team einen Konflikt beobachte, so ist es meine Führungsaufgabe, diesen anzusprechen – selbst wenn er sich meiner Einschätzung nach noch im Frühstadium befindet.»

D] «Es gibt immer wieder Situationen, in denen die Konfliktparteien nicht mehr fähig sind, die am besten geeignete Lösung auszuwählen. In solchen Fällen schlage ich einen gangbaren Weg vor.»

Praxisaufgaben

1   **Konfliktmoderation bestimmen**

In diesem Kapitel haben Sie sich mit dem Vorgehen in der Konfliktbewältigung und den unterschiedlichen Rollen des Konfliktmoderators beschäftigt. Nun geht es darum, dass Sie sich Überlegungen machen zur Konfliktbewältigung anhand eines eigenen Konfliktbeispiels.

Nehmen Sie dazu nochmals Ihre Konfliktanalyse aus der Praxisaufgabe von S. 58 zur Hand und wählen Sie ein weiteres Konfliktbeispiel aus Ihrem Arbeitsumfeld aus. In der Konfliktanalyse haben Sie unter anderem die Eskalationsstufe des Konflikts zugewiesen.

Aufgabe

Bestimmen Sie nun die geeignete Rolle des Konfliktmoderators für diesen Konflikt und begründen Sie Ihre Entscheidung.

7 Konfliktgespräche führen

Lernziele	Nach der Bearbeitung dieses Kapitels können Sie … • die Ziele und Vorgehensschritte eines Konfliktgesprächs erklären. • die Anforderungen an die Moderation eines Konfliktgesprächs beschreiben.
Schlüsselbegriffe	Allparteilichkeit, Emotionen, Gesprächsabschluss, Gesprächsbereitschaft, Gesprächseinstieg, Gesprächsklima, Gesprächsrahmen, Gesprächsregeln, Gesprächsvorbereitung, Grundhaltung, Klärung, Konfliktanalyse, Konfliktmoderation, Lösungsfindung, Raum, Rollenklärung, Sichtweisen, Sitzordnung, Vereinbarungen, Vorgehen, Vorgespräche, Zeitplan

Den Weg für eine konstruktive und nachhaltige Konfliktbewältigung ebnen: Das ist das Ziel des Konfliktgesprächs. Die Konfliktparteien sollen wieder fähig und bereit sein, nach vorne zu schauen anstatt zurück. Im gemeinsamen Gespräch bringen sie ihre Interessen so offen ein, dass sich daraus einvernehmliche Lösungen entwickeln lassen, anstatt weiterhin auf Fehler- und Schuldzuweisungen zu beharren und die eigenen Positionen zu verteidigen.

Der französische Staatsmann François de Callières (1645–1717) hat diese Grundhaltung folgendermassen formuliert: «Das Geheimnis der Verhandlungen liegt darin, die wirklichen Interessen der betreffenden Parteien in Einklang zu bringen.»

7.1 Voraussetzungen klären

Das Konfliktgespräch wird gesucht, wenn mindestens eine der Konfliktparteien einen Konflikt wahrnimmt und diesen lösen will oder wenn die Führungsperson einen schwelenden Konflikt in ihrem Team feststellt. In diesem Sinn ist es Ihre **Führungsaufgabe**, ein klärendes Gespräch zu initiieren und es auch durchzuführen. Sorgen Sie in jedem Fall dafür, dass es möglichst rasch dazu kommt, unabhängig davon, welche Rolle Sie einnehmen:

- Sie sind **selbst am Konflikt beteiligt,** z. B. mit einem Mitarbeitenden. Sie führen einerseits das Konfliktgespräch, sind andererseits selbst Konfliktpartei, also nicht neutral. Sie tragen «zwei Hüte». Bei grosser persönlicher Betroffenheit kann es schwierig oder gar unmöglich werden, damit zurechtzukommen und das Konfliktgespräch selbst zu moderieren. Übertragen Sie die Moderationsaufgabe in einem solchen Fall an eine neutrale Drittperson, die auch von der Gegenpartei akzeptiert wird.

- Sie **moderieren ein Konfliktgespräch** zwischen Teammitgliedern aus Ihrem Führungsbereich. Auch in diesem Fall sind Sie in einem Rollenkonflikt: neutraler Moderator und lenkende Führungsperson. Umso wichtiger ist, dass Sie sich mit der Moderationsrolle auseinandersetzen: Ihre Aufgabe ist es, für ein faires Gesprächsklima und einen geordneten Gesprächsablauf zu sorgen und die Konfliktparteien bei der Klärung und Lösungsfindung zu unterstützen – jedoch nicht, sie mit gut gemeinten Ratschlägen zu beeinflussen oder ihnen einen Lösungsweg aus dem Konflikt vorzugeben.

Nachfolgend stellen wir die Vorbereitung und Durchführung eines Konfliktgesprächs näher vor und richten dabei das Augenmerk hauptsächlich auf jene Situation, die im Führungsalltag wohl häufiger vorkommt: Sie sind selbst am Konflikt beteiligt, möchten den Konflikt bereinigen und bitten deshalb die andere Partei um eine Aussprache. – Auch wenn das Vorgehen grundsätzlich dasselbe ist, wie wenn Sie ein Konfliktgespräch zwischen Dritten moderieren, geben wir in Kapitel 7.5 einige Empfehlungen, was Sie in dieser Moderationsrolle speziell befolgen sollten.

7.2 Gesprächsvorbereitung

Besonders bei heiklen Gesprächen trägt eine **umsichtige Vorbereitung** viel zum Gelingen bei. Sie betrifft zum einen, dass Sie sich persönlich auf das Gespräch vorbereiten, zum anderen den organisatorischen Rahmen, in dem die Aussprache stattfinden soll.

7.2.1 Persönlich: Selbstklärung und Konfliktanalyse

Die eigene, innere Vorbereitung dient der Selbstklärung. Sie machen sich bewusst, was Sie **erwarten vom Konfliktgespräch** und wie Sie **zum Gesprächspartner stehen**. Beleuchten Sie die Sach- und die Beziehungsebene, indem Sie die Leitfragen aus Abb. 7-1 beantworten.

Abb. [7-1] **Leitfragen für die Selbstklärung (Sach- und Beziehungsebene)**

Sachebene	• Wie sehe ich den Konflikt? • Welche zusätzlichen Informationen brauche ich allenfalls? • Welche Gesprächsziele verfolge ich? • Was will ich unbedingt ansprechen? • Was erwarte ich von meinem Gesprächspartner? • Was wäre aus meiner Sicht ein gutes Gesprächsergebnis?
Beziehungsebene	• Wie gehe ich mit dem Rollenkonflikt als Führungsperson und als konfliktbeteiligte Person um? • Wie stehe ich zu meinem Gesprächspartner? • Wie schätze ich die Gesprächsbereitschaft meines Gesprächspartners ein? • Welche Interessen verfolge ich persönlich?

Die **Konfliktanalyse** mit dem Konfliktanalyseraster, auf die wir in Kap. 5, S. 53 vertieft eingegangen sind, dient der **inhaltlichen Vorbereitung** auf das Gespräch. Die Analysefragen helfen, die Konfliktursachen, die Konfliktdynamik und die eigenen Anteile am Geschehen zu ergründen und gleichzeitig den Standpunkt der Gegenpartei zu sehen.

Bitten Sie deshalb auch Ihren Gesprächspartner, sich anhand der Leitfragen zur Selbstklärung und / oder des Konfliktanalyserasters vorzubereiten, wenn Sie mit ihm ein Konfliktgespräch vereinbaren.

7.2.2 Organisatorisch: Gesprächsrahmen

Bei der organisatorischen Vorbereitung geht es um die Klärung des Gesprächsrahmens, d. h. um den Zeitplan, den Raum und die Sitzordnung:

- Alle Beteiligten müssen sich **genügend Zeit** für das Konfliktgespräch nehmen. Keinesfalls darf es «zwischen Tür und Angel» geführt oder durch Mails, Anrufe, SMS, Fragen zum «daily business», zusätzliche Verpflichtungen usw. anderweitig gestört werden.
- Wählen Sie wenn möglich einen **Raum,** der für eine **angenehme Gesprächsatmosphäre** sorgt und eine **angemessene Grösse** hat. In einem zu grossen Raum fühlt man sich schnell «verloren» und zu enge Raumverhältnisse können «beklemmend» wirken. Stellen Sie auch ausreichend Getränke bereit.
- Bestimmen Sie die **Sitzordnung** so, dass alle Beteiligten **direkten Blickkontakt** zueinander haben. Dazu eignet sich am besten ein **runder Tisch,** der auch bei Verhandlungen aller Art bewusst gewählt wird, weil er Gleichheit zwischen den Parteien vermittelt (sog. «Round-Table-Gespräche»). Ist kein runder Tisch verfügbar, sitzen die Parteien in einem Zweierkonflikt **übers Eck,** nicht frontal gegenüber.

7.3 Aufbau eines Konfliktgesprächs

Konfliktgespräche gehören zu den schwierigsten Gesprächen überhaupt. Umso wichtiger ist es, in solchen Situationen ein **systematisches Vorgehen** zu wählen. Es dient als Leitfaden zur Strukturierung des Konfliktgesprächs.

Abb. [7-2]   **Aufbau eines Konfliktgesprächs**

Gesprächseinstieg → Sichtweisen klären → Gemeinsame Lösung finden → Vereinbarungen treffen → Gesprächsabschluss

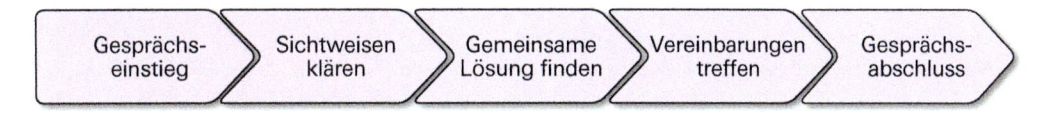

Das systematische Vorgehen im Gespräch besteht aus fünf Schritten: Einstieg, Klärung, Lösungsfindung, Vereinbarungen und Abschluss. Nachfolgend beschreiben wir wichtige Gesprächspunkte in den einzelnen Schritten. An ausgewählten Stellen gehen wir auch auf spezielle Aufgaben ein, die Sie bei der Konfliktmoderation übernehmen.

7.3.1 Gesprächseinstieg

Das Ziel der Einstiegsphase ist, das Vertrauen in ein respektvolles, konstruktives **Gesprächsklima** zu schaffen und den **Gesprächsrahmen** festzulegen.

Abb. [7-3]   **Gesprächseinstieg**

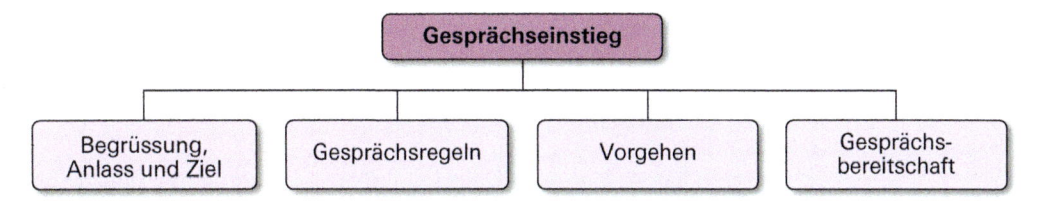

Gesprächseinstieg
- Begrüssung, Anlass und Ziel
- Gesprächsregeln
- Vorgehen
- Gesprächsbereitschaft

A] Begrüssung und Gesprächseröffnung

Die Stimmung zu Beginn eines Konfliktgesprächs ist meistens sehr angespannt. Ihr Gegenüber wirkt möglicherweise bedrückt, vorsichtig abwartend oder aber nervös und überdreht. Kommen Sie deshalb **möglichst rasch zur Sache,** verzichten Sie auf «Small Talk», der die momentane Anspannung sowieso nicht zu lockern vermag, sondern sie noch verstärkt.

- **Begrüssen** Sie Ihren Gesprächspartner freundlich und kurz.
- **Bedanken** Sie sich für die Gesprächsbereitschaft.
- Leiten Sie zum **Anlass und Ziel des Konfliktgesprächs** über, indem Sie möglichst neutral schildern, warum Sie zusammengekommen sind und was Sie sich davon versprechen.

B] Gesprächsregeln vereinbaren

Ein fairer Meinungsaustausch setzt klare, **für alle verbindliche Gesprächsregeln** voraus. Alle Beteiligten sollen ihre Meinungen gleichberechtigt sagen und in gleichem Mass aufeinander eingehen. Stellen Sie zu Gesprächsbeginn diese Regeln gemeinsam auf und achten Sie im Gesprächsverlauf darauf, diese entschlossen einzuhalten.

Abb. [7-4] Gesprächsregeln (Beispiele)

Einander ausreden lassen	Ich unterbreche nicht, während der andere spricht.
Aufmerksam zuhören	Ich versuche, die Sichtweise des anderen zu verstehen, auch wenn ich sie nicht teile.
Verständnisfragen	Nachfragen ist nur erlaubt, wenn ich etwas nicht verstanden habe. Ich kommentiere nicht andere Standpunkte oder Meinungen.
Respektvolle Offenheit	Ich rede so offen, wie «mir der Schnabel gewachsen ist», verzichte aber auf jegliche Beleidigungen, Verunglimpfungen und bewusste Verletzungen.
Ich-Botschaften	Ich formuliere und vertrete meine eigene Meinung.
Gefühle sind erlaubt	Gefühle und Bedürfnisse dürfen auf den Tisch. Ich nütze sie jedoch nicht aus, um den anderen blosszustellen oder zu manipulieren.
Vertraulichkeit	Was wir hier drin besprechen, bleibt unter uns.

C] Vorgehen abstimmen

Umreissen Sie kurz, wie Sie das Gespräch gestalten wollen. Holen Sie bei Ihrem Gesprächspartner dafür ausdrücklich das Einverständnis ab:

- **Reihenfolge:** Wer fängt an? – In der Regel ist zuerst die Partei an der Reihe, die um das Gespräch ersucht hat.
- **Zeitrahmen:** Gibt es ein fixiertes Gesprächsende oder lassen wir es offen? Wie gehen wir vor, falls wir heute noch keine für alle akzeptable Lösung erzielen? – Bei längeren Gesprächen empfiehlt es sich, Kurzpausen einzulegen.

D] Gesprächsbereitschaft klären

Störungen gehen vor. Klären Sie deshalb noch einmal den gemeinsamen Willen und die uneingeschränkte Bereitschaft zum Gespräch und zur Konfliktbereinigung ausdrücklich ab:

- Sind wir willens, dieses Gespräch zur Konfliktbereinigung zu führen?
- Gibt es Vorbehalte oder andere Hindernisse, die wir beseitigen müssen, bevor wir mit der Klärung beginnen?

7.3.2 Sichtweisen klären

Das Ziel der Klärungsphase ist, alle wichtigen Aspekte des Konflikts offenzulegen in Form einer **wertfreien Auslegeordnung**. Ihr Gesprächspartner und Sie haben sich auf das Gespräch vorbereitet. Nun geht es darum, die unterschiedlichen Sichtweisen auf den Konflikt kennenzulernen. Dies ermöglicht es, neue wichtige **Erkenntnisse** zu gewinnen und vielleicht auch **zusätzliche Aspekte** des Konflikts aufzudecken, deren man sich bisher nicht bewusst war oder die man falsch interpretiert hatte.

Auf einer übergeordneten Ebene dient die Situationsklärung der **Verlangsamung** der Konflikteskalation und appelliert gleichzeitig an die **Vernunft** und **Objektivität** aller Beteiligten.

Abb. [7-5] Sichtweisen klären

```
                    Sichtweisen klären
         ┌──────────────────┼──────────────────┐
  Alle Sichtweisen      Emotionen zulassen   Überforderung ansprechen
  miteinbeziehen
```

A] Alle Sichtweisen miteinbeziehen

Da Sie zum Gespräch eingeladen haben, umreissen Sie zunächst kurz das Problem. Anschliessend gehen Sie dazu über, Ihre Sichtweise des Konflikts zu schildern. Oder aber Sie übergeben nun der Gegenpartei das Wort und erfahren zuerst deren Sichtweise. Damit verhindern Sie, dass Sie das Gespräch einseitig dominieren und die Gegenpartei zu lange passiv bleiben und zuhören muss.

Zur Schilderung der eigenen Sichtweise gehören die folgenden Aussagen:

- **Was:** Worum geht es in diesem Konflikt? Was ist das eigentliche Thema?
- **Warum:** Was war der Auslöser und wie hat er sich zu einem Konflikt verstärkt? Welches sind meine Anteile am Konflikt?
- **Wie:** Auf welche Weise fühle ich mich betroffen? Was löst dieser Konflikt bei mir aus? Welche Gefühle, einschneidende Erlebnisse usw. erlebe ich dabei?

Teilen Sie sich in Form von **Ich-Botschaften** mit. Damit drücken Sie Ihre persönliche Meinung aus und begegnen Ihrem Gegenüber gleichberechtigt, offen, ehrlich und direkt, ohne es zu verletzen oder anzugreifen.

Erlauben Sie einander ausdrücklich, **Verständnisfragen** zu stellen, wenn etwas unklar ist, und beantworten Sie diese sogleich. Hüten Sie sich jedoch, sich aufgrund solcher Fragen zu einer Diskussion über Schuldfragen oder Fehleinschätzungen hinreissen zu lassen. Damit würden Sie das Konfliktgespräch in eine Sackgasse manövrieren.

Hören Sie der anderen Konfliktpartei aufmerksam zu, **ohne zu werten**. Eine andere Sichtweise zu verstehen, bedeutet noch nicht, mit ihr einverstanden zu sein.

Halten Sie jeweils bewusst einen Moment inne, bevor die andere Konfliktpartei zu Wort kommt. So erhalten alle die Gelegenheit, das Gesagte setzen zu lassen und sich neu zu sammeln.

B] Emotionen zulassen

Ein Konflikt löst heftige Emotionen aus, die im Körper in Form von Hormonen (Adrenalinausschüttung) zusätzliche Kräfte mobilisieren. Dieses in Stresssituationen typische Reaktionsmuster ist überlebensnotwendig. Es befähigt uns Menschen, schneller wegzulaufen bzw. zu fliehen oder uns heftig zu wehren bzw. anzugreifen.

Für die konstruktive Konfliktlösung hilft die Flucht oder ein wahlloser Gegenschlag allerdings wenig oder nichts. Vielmehr müssen wir uns sammeln, um vernünftig weiteragieren zu können. Das gelingt, indem wir unsere Emotionen bewusst wahrnehmen und sie dadurch besser kontrollieren. Emotionale Äusserungen oder Reaktionen sollen jedoch nicht als «unvernünftig» abgewertet und unterdrückt werden. Im Gegenteil, denn Gefühle zeigen oft besser als Worte, was der Konflikt in uns auslöst und wie sehr er uns unter Druck setzt.

Gehen Sie mit Ihren eigenen Emotionen überlegt um, indem Sie

- auf die eigenen körperlichen Warnsignale achten.
- Reizworte kennen, die Sie besonders provozieren.
- Vorwürfe übergehen und sich dadurch nicht aus dem Gleichgewicht bringen lassen.
- zwischen der Person Ihres Gegenübers und der Rolle Ihres Gegenübers klar unterscheiden.
- tief durchatmen und Ihre Erregung kontrollieren.
- Ihre Körperhaltung bewusst entspannen.

Vielleicht ist hier auch Platz dafür, allfällige Missverständnisse zu beseitigen und sich für eine unbedachte Äusserung oder wegen eines Fehlverhaltens im Konfliktverlauf zu entschuldigen.

C] Überforderung ansprechen

In der Klärungsphase zeigen die Beteiligten ihre Betroffenheit. Dies kann zu emotional belastenden Momenten führen, in denen entweder die Wogen überzuschwappen drohen und das klare Denken verunmöglichen oder das Gespräch abrupt zum Stillstand kommt.

Entschleunigen Sie den Dialog, wenn Sie sich vom Gesagten oder von der Gesprächsentwicklung überfordert fühlen. Sprechen Sie dies offen an, etwa folgendermassen:

- «Ich fühle mich zutiefst betroffen. Bitte gib mir eine Minute, um das Gehörte zu verdauen.»
- «Ich fürchte, dass unser Gespräch aus den Fugen geraten ist. Können wir eine Kurzpause von fünf Minuten machen, um uns wieder zu sammeln?»

7.3.3 Gemeinsame Lösung finden

Nachdem die Standpunkte und deren Hintergründe geklärt sind, richtet sich nun der Blick in die Zukunft. Das Ziel der Lösungsfindung ist deshalb,

- das Trennende so weit geklärt zu haben, dass man es stehen lassen kann.
- die gemeinsamen Interessen herauszuschälen, um daraus tragfähige, faire Lösungsansätze zu entwickeln. Es geht dabei um das Sowohl-als-auch und nicht um das Entweder-oder.

Lösungen ergeben sich in der Regel nicht von allein, sondern müssen oft mühsam erarbeitet werden. Sie haben nur dann Aussicht auf Erfolg, wenn jede Seite die Kernanliegen der anderen wirklich verstanden hat: «Ja, genau darum geht es mir!»

Halten Sie sich deshalb bei der Lösungsfindung an die vier Kriterien des Harvard-Konzepts (s. Kap. 6.2, S. 59). Dies erfordert von allen Beteiligten zugleich Kreativität, Flexibilität und Beharrlichkeit.

Abb. [7-6]   Anforderungen an die Lösungsfindung

Kreativität	• Miteinbezug aller: Jede Konfliktpartei präsentiert ihren Vorschlag. • Gemeinsames Brainstorming. • Alle Vorschläge schriftlich festhalten.
Flexibilität	• Lösungsvorschläge gedanklich durchspielen. • Der Versuchung widerstehen, die erstbeste Lösung anzunehmen nach dem Motto: «Hauptsache, wir haben eine Lösung.» • Nicht nach perfekten Lösungen suchen, sondern nach machbaren.
Beharrlichkeit	• Auf einer allseits befriedigenden Lösung bestehen. • Keine Lösung erzwingen oder faule Kompromisse eingehen, sondern vertagen, falls zum jetzigen Zeitpunkt keine Lösung gefunden wird.

7.3.4 Vereinbarungen treffen

Die Lösung muss abgesichert werden, damit sie für alle verbindlich ist. Dies ist nicht Ausdruck eines Misstrauens, dass sich die Beteiligten sonst nicht an die Lösung halten würden. Vielmehr geht es darum, dass die jetzigen Absichtserklärungen nicht als leere Worte zurückbleiben, sondern ihnen auch Taten folgen. Je eindeutiger die Vereinbarungen über den Lösungsweg getroffen werden, umso besser sind sie zu einem späteren Zeitpunkt auch überprüfbar.

So stellen Sie Verbindlichkeit her:

- Fassen Sie die vereinbarte Lösung zusammen und notieren Sie allfällige Bedingungen, die mit der Lösung verbunden sind.
- Formulieren Sie klar, welche Abmachungen getroffen wurden, die dazu erforderlichen Massnahmen und / oder das künftige Verhalten.
- Legen Sie fest, wie Sie konkret weiter vorgehen, wenn noch keine Entscheidung getroffen werden konnte.
- Sprechen Sie mögliche Sanktionen an, wenn Vereinbarungen nicht eingehalten werden.
- Legen Sie einen Termin fest für ein Folgegespräch.

Nebst den bestimmten Massnahmen gehören – auf einer übergeordneten Ebene – zu einer dauerhaften Konfliktlösung auch verbindliche Verhaltensregeln für die künftige Zusammenarbeit mit dem Ziel, Konflikte zu verhindern oder rascher anzugehen.

7.3.5 Gesprächsabschluss

Runden Sie das Gespräch ab, bevor Sie auseinandergehen:

- Nehmen Sie noch offene Punkte auf, klären Sie Erwartungen und fangen Sie unmittelbare Reaktionen auf das Gespräch auf. Stellen Sie dazu die notwendigen Klärungsfragen.
- Würdigen Sie die gemeinsamen Anstrengungen für eine Lösungsfindung, bedanken Sie sich bei Ihrem Gesprächspartner für die Gesprächsbereitschaft und verabschieden Sie sich.
- Die Selbstreflexion ist ein innerer Dialog und hilft, Erkenntnisse zu gewinnen über die eigene Rolle, den Gesprächsverlauf und allfällige Wendungen sowie über die eigene Haltung dem Gesprächspartner gegenüber. Gehen Sie deshalb wie bei der Vorbereitung auch nach dem Gespräch noch einmal in sich.

In Abb. 7-7 sind typische Klärungsfragen beim Abschluss und Reflexionsfragen nach dem Gespräch aufgelistet.

Abb. [7-7] Klärungs- und Reflexionsfragen zum Konfliktgespräch

Klärungsfragen	• Gibt es noch etwas, was wir gemeinsam klären müssen, bevor wir auseinandergehen? • Sind die Abmachungen klar und verbindlich formuliert? • Steht der Termin für ein nächstes Treffen bzw. Folgegespräch fest, an dem wir die Vereinbarungen gemeinsam überprüfen? • Wie verlief das Gespräch? Wie geht es uns jetzt?
Reflexionsfragen	• Was ist mir im Gespräch besonders gut gelungen? • Was habe ich während des Gesprächs über mich selbst gelernt? • Was kann ich aus diesem Gespräch für ein nächstes Mal lernen? • Was möchte ich bei einem nächsten Gespräch auf jeden Fall anders machen?

7.4 Leitfaden für das Konfliktgespräch

Der Leitfaden in Abb. 7-8 fasst die wichtigsten Merkpunkte für die Ausgestaltung eines Konfliktgesprächs zusammen.

Abb. [7-8] Leitfaden für das Konfliktgespräch

Ablauf	Merkpunkte für das Gespräch
Vorbereitung	• Inhaltliche Vorbereitung: Konfliktanalyseraster • Organisatorische Vorbereitung: Zeit, Raum, Sitzordnung • Eigene, innere Vorbereitung: Sach- und Beziehungsebene
Gesprächseinstieg	• Begrüssung und Dank für die Gesprächsbereitschaft • Anlass und Ziel des Gesprächs bekannt geben • Gesprächsregeln gemeinsam formulieren • Vorgehensweise und Gesprächsbereitschaft abstimmen
Sichtweisen klären	• Alle Sichtweisen einbeziehen: gemeinsame Auslegeordnung der offengelegten Konfliktaspekte • Verständnisfragen klären • Emotionen zulassen
Gemeinsame Lösungen finden	• Interessen aller Konfliktparteien herausschälen • Lösungen entwickeln, die auf einen Interessenausgleich ausgerichtet sind (sowohl als auch) • Emotionale Bedürfnisse berücksichtigen • Lösungsvorschläge gemeinsam bewerten
Vereinbarungen treffen	• Vereinbarte Lösung und allfällige Bedingungen zusammenfassen • Abmachungen formulieren • Sanktionen bei Nichteinhalten der Abmachungen definieren • Weiteres Vorgehen bestimmen, wenn noch keine Lösung gefunden wurde • Folgegespräche für Überprüfung der Lösungen terminieren
Gesprächsabschluss	• Gespräch abrunden: noch offene Punkte, Reaktionen, Erwartungen aufnehmen • Dank für Gesprächsbereitschaft und Verabschiedung • Selbstreflexion des Gesprächsverlaufs

7.5 Moderation eines Konfliktgesprächs

Wenn Sie ein Konfliktgespräch zwischen Teammitgliedern aus Ihrem Führungsbereich moderieren, sind Sie in einer speziellen Position: In der Moderationsrolle müssen Sie neutral bleiben, können aber aufgrund Ihrer Führungsrolle nicht vollkommen neutral sein.

Deshalb müssen Sie den Konfliktparteien bewusst machen, dass Sie in der Moderationsrolle lediglich die Gesprächsleitung übernehmen, aber nicht die Verantwortung für eine Konfliktlösung. Ansonsten werden Sie mit Missverständnissen und Beeinflussungsversuchen im Vorfeld und während des Gesprächsverlaufs konfrontiert.

Nachfolgend greifen wir zentrale Punkte auf, die Sie bei der Moderation eines Konfliktgesprächs beherzigen sollten.

Abb. [7-9]   Moderation eines Konfliktgesprächs

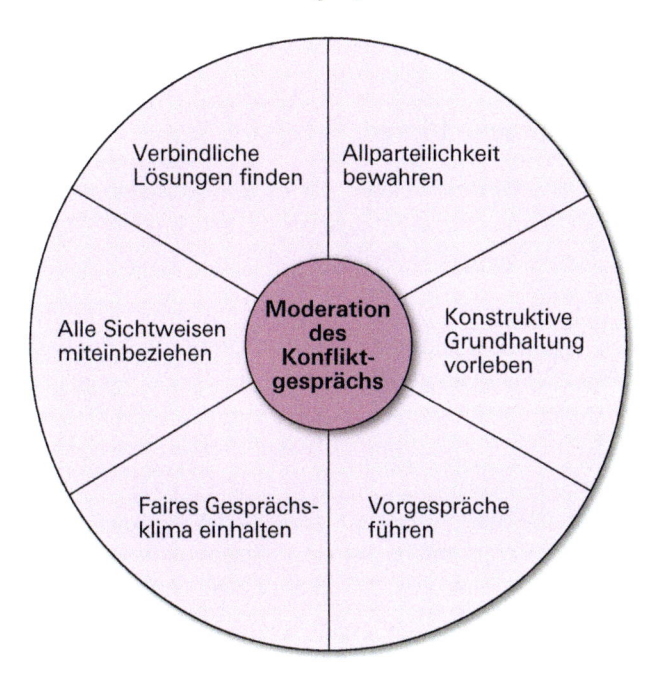

7.5.1 Allparteilichkeit bewahren

Sich zur Allparteilichkeit verpflichten heisst: Alle Beteiligten gleichermassen ernst nehmen und die Belange aller Beteiligten vertreten. Damit verhindern Sie, zum «Spielball» der Konfliktparteien zu werden. Allparteilichkeit bedeutet:

- Sie schaffen die **Rahmenbedingungen für ein faires Gesprächsklima,** strukturieren den Gesprächsablauf und unterstützen die Konfliktparteien, gemeinsam eine einvernehmliche und verbindliche Konfliktlösung zu finden.
- Sie **vertrauen den Konfliktparteien,** dass sie ihre Sichtweise offenlegen und einen Grund haben, den Konflikt so zu sehen, wie sie ihn sehen. Gefragt ist die **subjektive Wahrheit,** nicht eine objektive Wahrheit, die es gar nicht geben kann. Verzichten Sie deshalb auf jegliche Beurteilungen wie «richtig» oder «falsch».
- Sie stehen **auf der Seite jeder Konfliktpartei** und zeigen diese Haltung dadurch, dass Sie z. B. ein Machtgefälle zwischen den Parteien ausgleichen, als Sprachrohr für die weniger wortgewandte Partei dienen usw.

7.5.2 Konstruktive Grundhaltung vorleben

Konfliktgespräche so zu leiten, dass sie tragfähige und für alle annehmbare Lösungen hervorbringen, verlangt viel Fingerspitzengefühl: Leben Sie eine konstruktive Grundhaltung vor und sorgen Sie für

- eine **Verlangsamung des Konflikts,** indem Sie die Konfliktparteien direkt und konsequent in die Konfliktklärung und -lösung einbinden.
- eine **offene Kommunikation,** dank der alle Beteiligten ihre eigenen Interessen darlegen, jene der Gegenpartei akzeptieren und zur Lösungsfindung aktiv beitragen.
- eine Konfrontation auf der Basis der **gegenseitigen Akzeptanz,** dass die Situation so ist, wie sie ist, und dass weder bekämpft noch nach Schuldigen gesucht werden muss.
- das **Einhalten der vereinbarten Regeln,** die für alle Beteiligten gleichermassen gelten müssen, um eine offene Kommunikation zu ermöglichen.
- eine entschiedene **Ausrichtung auf die Zukunft.**

Dieser Anspruch erfordert eine entsprechend konstruktive Grundhaltung von allen Beteiligten: Diese **gegenseitige Wertschätzung** muss im täglichen Umgang miteinander im Team, in der Abteilung und im Unternehmen entwickelt und gepflegt werden. Als Führungsperson beeinflussen Sie die gelebte **Konfliktkultur** massgeblich. Dazu gehören auch die **Fehler- und Veränderungskultur,** d.h. der nutzbringende Umgang mit Fehlern, Fehlverhalten und Veränderungen.

7.5.3 Vorgespräche führen

Wenn Sie einen Konflikt moderieren, ist es unter Umständen hilfreich, mit den Konfliktparteien die Analysefragen in separaten Vorgesprächen durchzugehen. Dabei sollten Sie auf die folgenden Punkte achten:

- **Nur so viele Informationen wie nötig:** Tragen Sie alle erforderlichen Informationen zusammen. Setzen Sie aber auch bewusst Grenzen, denn wenn Sie viele Informationen nur von einer Seite erhalten, gefährden Sie Ihre Unabhängigkeit.
- **Allparteilichkeit:** Sie müssen unvoreingenommen sein, alle Beteiligten in ihrer Wahrnehmung gleichermassen ernst nehmen und dürfen einzelne Aussagen in den Vorgesprächen keinesfalls werten.
- **Allseitige Gesprächsbereitschaft:** Nutzen Sie die Vorgespräche, um die Gesprächsbereitschaft aller Beteiligten besser einschätzen zu können. Setzen Sie diese Absicht aber nicht mit einem harmonischen Gesprächsverlauf gleich.
- **Neutraler Gesprächsort:** Unter Umständen wünscht eine Partei, das Konfliktgespräch in ihren eigenen Räumen zu führen, weil sie sich in der vertrauten Umgebung (im eigenen «Territorium») sicherer fühlt. Verzichten Sie möglichst darauf, einer Partei einen «Heimvorteil» zu verschaffen.

7.5.4 Faires Gesprächsklima einhalten

Vereinbaren Sie mit den Konfliktparteien die **Gesprächsregeln** (s. Kap. 7.3.1, S. 73). Greifen Sie ein, wenn die Konfliktparteien sie verletzen oder anderweitig das konstruktive Gesprächsklima zu torpedieren versuchen.

Beispiel	Eine Konfliktpartei - greift die andere an oder verhöhnt sie, z.B. durch Beleidigungen, Beschimpfungen, schnippische oder spöttische Bemerkungen usw. - reisst das Gespräch an sich oder blockiert es, z.B. durch endlose «Selbstdarstellungen», unnötige Ordnungsanträge usw. - manipuliert den Gesprächsverlauf mit ihrer emotionalen Reaktion, indem sie z.B. demonstrativ schweigt oder heulend den Raum verlässt, um dadurch eine Sonderbehandlung zu bewirken.

Besonders in der Klärungsphase können **emotionale Reaktionen** das Gesprächsklima stark beeinflussen. Ihre Moderationsaufgabe ist es, die dadurch entstehende Spannung auszuhalten und gleichzeitig den Emotionen den notwendigen Raum zu geben, indem Sie diese ansprechen.

Beispiel	Wenn eine Konfliktpartei - in Tränen ausbricht oder den Raum verlässt, ist es nicht Ihre Aufgabe, diese Person zu trösten, ihr nachzugehen oder das Gesagte gar abzuschwächen. Vielmehr bitten Sie diese Person, den anderen Anwesenden ihre Reaktion zu erklären. - sprachlos ist, fragen Sie nach dem Grund, ohne jedoch energisch nachzubohren.

7.5.5 Alle Sichtweisen miteinbeziehen

Achten Sie besonders in der Klärungsphase darauf, dass trotz der intensiven Auseinandersetzung mit der Konfliktgeschichte das **eigentliche Ziel** des Gesprächs nicht aus den Augen verloren geht: die Konfliktlösung.

Fordern Sie **eine Partei nach der anderen** dazu auf, ihre Sichtweise zu schildern. Sorgen Sie für **Gesprächsdisziplin** und klemmen Sie das «Dreinreden» der Zuhörenden sofort ab. Geben Sie ihnen aber die Gelegenheit, Verständnisfragen zu stellen, und stellen Sie selbst solche, wenn etwas zusammenhanglos oder missverständlich erscheint. – Halten Sie jeweils einen Moment inne, um das Gesagte setzen zu lassen, bevor die nächste Partei beginnt, ihre Sichtweise darzulegen.

Falls nötig oder gewünscht, ergänzen Sie mit der **Sichtweise von aussen,** welches Bild sich für Sie als neutralen Beobachter ergibt: «Von aussen betrachtet sehe ich es so ...»

7.5.6 Verbindliche Lösungen finden

Vielfach fühlen sich die Konfliktparteien nach der Klärungsphase **erleichtert,** weil endlich das gesagt ist, was gesagt werden musste. Diese positive Stimmung verleitet möglicherweise dazu, den Konflikt somit auch als gelöst zu sehen oder sich auf «fromme Wünsche» und Zuversicht zu beschränken, die jedoch im Alltag meist nicht standhalten werden.

Eine wichtige Moderationsaufgabe bei der Lösungsfindung ist deshalb, um der Sache willen den **«Advocatus Diaboli»** zu spielen (lateinisch für «Anwalt des Teufels»). Hinterfragen Sie sachlich, ob und wie realistisch die Lösungsvorschläge der Konfliktparteien sind. Bringen Sie damit einen Dialog über die allseitige Bereitschaft zu einer Verhaltensveränderung in Gang.

Zusammenfassung

Das Konfliktgespräch ebnet den Weg für eine konstruktive und nachhaltige Konfliktbewältigung. Die Führungsperson ist auf zweierlei Art mit der Leitung von Konfliktgesprächen konfrontiert:

- Sie ist **selbst am Konflikt beteiligt** und bittet die andere Partei zum klärenden Gespräch.
- Sie wird von den Konfliktparteien gebeten, als **Drittperson** ein Konfliktgespräch zu moderieren.

Die **Gesprächsvorbereitung** umfasst die persönliche Vorbereitung zur Selbstklärung und Konfliktanalyse sowie den organisatorischen Rahmen bezüglich Termin, Raum und Sitzordnung.

Das **Konfliktgespräch** gliedert sich in fünf Schritte:

Gesprächseinstieg	• Begrüssung und Dank für die Gesprächsbereitschaft • Anlass und Ziel des Gesprächs bekannt geben • Gesprächsregeln gemeinsam formulieren • Vorgehensweise und Gesprächsbereitschaft abstimmen
Sichtweisen klären	• Alle Sichtweisen einbeziehen: gemeinsame Auslegeordnung der offengelegten Konfliktaspekte • Verständnisfragen klären • Emotionen zulassen
Gemeinsame Lösung finden	• Interessen aller Konfliktparteien herausschälen • Lösungen entwickeln, die auf einen Interessenausgleich ausgerichtet sind (sowohl als auch) • Emotionale Bedürfnisse berücksichtigen • Lösungsvorschläge gemeinsam bewerten
Vereinbarungen treffen	• Vereinbarte Lösung und allfällige Bedingungen zusammenfassen • Abmachungen formulieren • Sanktionen bei Nichteinhalten der Abmachungen definieren • Weiteres Vorgehen bestimmen, wenn noch keine Lösung gefunden wurde • Folgegespräche für Überprüfung der Lösungen terminieren
Gesprächsabschluss	• Gespräch abrunden: noch offene Punkte, Reaktionen, Erwartungen aufnehmen • Dank für Gesprächsbereitschaft und Verabschiedung • Selbstreflexion des Gesprächsverlaufs

Die Moderation eines Konfliktgesprächs ist eine anspruchsvolle Aufgabe für die Führungsperson. Sechs Punkte sollte sie in der **Moderationsrolle** besonders beachten:

1. **Allparteilichkeit:** Alle Beteiligten ernst nehmen und ihre Belange vertreten, um in der Gesprächsleitung ausgleichend wirken zu können.
2. **Konstruktive Grundhaltung:** Rahmenbedingungen schaffen für tragfähige und für alle annehmbare Lösungen.
3. **Vorgespräche:** Die für das Gespräch notwendigen Informationen bei den Konfliktparteien zusammentragen, ohne den Austausch im Gespräch vorwegzunehmen.
4. **Faires Gesprächsklima:** Für das allseitige Einhalten der Gesprächsregeln sorgen und emotionale Reaktionen ansprechen.
5. **Alle Sichtweisen:** Jeder Partei dieselbe Möglichkeit bieten, ihre Sichtweise darzulegen.
6. **Verbindliche Lösungen:** Durch kritisches Hinterfragen der Lösungsvorschläge zu einer realistischen Konfliktlösung beitragen.

Repetitionsfragen

21 Zu welchem Vorgehensschritt im Konfliktgespräch gehören die folgenden Aspekte?

A] Den Absichtserklärungen konkrete Taten folgen lassen.

B] Den Zeitrahmen gemeinsam abstecken.

C] Spontanreaktionen auf das Gespräch einholen.

D] Die eigene Sichtweise des Konflikts schildern.

22 Beschreiben Sie stichwortartig,

A] warum es die Gesprächsregeln in einem Konfliktgespräch braucht.

B] welches Ziel bei der Lösungsfindung im Vordergrund steht.

C] warum die Allparteilichkeit in der Moderationsrolle wichtig ist.

| 23 | Was halten Sie von den folgenden Verhaltenstipps im Konfliktgespräch? Begründen Sie Ihren Standpunkt jeweils in ein paar Stichworten.

A] «Emotionen sind fehl am Platz, denn sie behindern ein konstruktives Konfliktgespräch.»

B] «Führen Sie das Gespräch wenn möglich an einem neutralen Ort.»

C] «Sie dürfen das Gespräch unterbrechen, wenn Sie sich zeitweilig überfordert fühlen.»

D] «Oft sind die Beteiligten vom Konfliktgespräch noch so vereinnahmt, dass es keinen Sinn macht, auf Vereinbarungen zu pochen.»

Praxisaufgaben

1 Konfliktgespräch vorbereiten

Bereiten Sie sich auf ein eigenes Konfliktgespräch vor:

- Beschreiben Sie in Ihrem Lerntagebuch oder auf einem separaten Blatt kurz die Konfliktsituation, d.h. die Beteiligten, das Thema, mögliche Gründe für den Konflikt und seine Auswirkungen. Am besten nehmen Sie dazu die Fragen zur Selbstklärung und die Konfliktanalyse zur Hand (s. Kap. 5.2, S. 54).
- Halten Sie Ihre Gedanken zur Gesprächsvorbereitung und zum konkreten Vorgehen im Gespräch fest.

8 Konflikte verarbeiten

Lernziele	Nach der Bearbeitung dieses Kapitels können Sie …
	• die Bedeutung der Reflexion in der Konfliktbearbeitung erklären.
	• die Voraussetzungen, Ziele und die Grenzen einer Konfliktkultur beschreiben.
Schlüsselbegriffe	Konfliktbewältigung, Konfliktfähigkeit, Konfliktkultur, Reflexion

Schwelende und ungelöste Konflikte kosten viel Energie und kommen ein Unternehmen menschlich, finanziell und materiell teuer zu stehen. Dasselbe gilt für unverarbeitete Konflikte. Ein gelöster Konflikt ist nämlich noch nicht ein verarbeiteter Konflikt. Mit der Konfliktlösung ist zwar der Weg für eine einvernehmliche Zukunft geebnet, doch ist es auch natürlich, dass die Konfliktparteien nach wie vor negative Gefühle verspüren, die sie (noch) nicht verarbeitet haben.

Nach einem Konflikt bleiben vielfach noch **unverarbeitete Punkte** offen, die jede Konfliktpartei für sich selbst bewältigen muss. Erst dann ist es möglich, den Konflikt tatsächlich hinter sich zu lassen. So gilt es, mit der ehemaligen Gegenpartei zu einer konstruktiven Form der Zusammenarbeit zurückzufinden, obwohl womöglich noch nicht alle Differenzen beseitigt sind. Dazu muss das **gegenseitige Vertrauen** (wieder)hergestellt werden.

ICH HABE MIR UNSERE KONFLIKTKULTUR ANDERS VORGESTELLT...

Die Hauptverantwortung für eine konstruktive Konfliktverarbeitung liegt bei den Konfliktparteien selbst.

Bei Team- oder Organisationskonflikten übernehmen die involvierten **Führungspersonen** eine **Vorbildfunktion,** indem sie den Verarbeitungsprozess bewusst gestalten und unterstützen. Wichtig ist, ihn schrittweise anzugehen, ihm die notwendige Zeit zu geben und die gegenseitige Vertrauensbildung aktiv zu fördern.

Wenn schmerzhafte Verletzungen zurückgeblieben sind, ist es besonders schwierig, sich selbst zu hinterfragen, eigene Fehler oder Versäumnisse aufzudecken und daraus zu lernen. Daher ist in solchen Fällen die Konfliktverarbeitung durch die Inanspruchnahme **professioneller Hilfe** angezeigt.

8.1 Reflexion des Konflikts

Die Bedeutung der Reflexion bei der Konfliktverarbeitung wird nach wie vor zu wenig beachtet. Die Konfliktparteien haben verständlicherweise das Bedürfnis, die **unangenehmen Begleiterscheinungen** des Konflikts rasch hinter sich zu lassen und zu einer gewohnten, möglichst unbeschwerten «Tagesordnung» zurückzukehren. Ohne eine gründliche Reflexion gelingt es jedoch oft nicht, seine persönlichen Einstellungen und Verhaltensmuster bewusst zu verändern. Die Gefahr besteht, bei einem nächsten Konflikt in dieselben **Mechanismen** zu geraten.

Eine Konfliktreflexion bedeutet, **Rückschau** zu halten über die Konfliktursachen, das eigene Verhalten im Konfliktverlauf und über die Versäumnisse und Fehler beider Parteien, um daraus wichtige **Erkenntnisse** für die Zukunft zu gewinnen. Dadurch soll eine weitere Eskalation in künftigen ähnlichen Konfliktsituationen bestmöglich verhindert werden.

Zu einem stabilen, konfliktfähigen Betriebsklima trägt bei, schwelende Auseinandersetzungen und gefährliche Konfliktherde rechtzeitig zu erkennen, allfällige Konflikte oder Konfliktpotenziale frühzeitig anzusprechen und sich der gemeinsamen Verantwortung für einvernehmliche Konfliktlösungen bewusst zu werden.

In Abb. 8-1 sind typische Reflexionsfragen aufgelistet, die Ihnen bei der **aktiven Konfliktverarbeitung** helfen.

Abb. [8-1]   **Reflexionsfragen zum Konfliktverlauf und zu den Erkenntnissen**

Konfliktverlauf	• Wie kam es zum Konflikt (Ursachen, Auslöser)? • Welche Entwicklungen verschärften den Konflikt zusätzlich? • Wie hätten wir den Konflikt vermeiden können? • Wie hätte eine weitere Eskalation verhindert werden können? • Wer hätte vermittelnd eingreifen können? • Unter welchen Umständen könnte dieser Konflikt wieder aufflammen? • Welchen Nutzen können wir aus diesem Konflikt ziehen? • Wie unterstützen wir die Konfliktlösung aktiv?
Erkenntnisse	• Was wollen wir aus dem Konflikt lernen? • Was wollen wir bei einer künftigen Konfliktlösung besser oder anders machen? • Worauf müssen wir in einer vergleichbaren Konfliktsituation besonders achten, um eine weitere Eskalation zu verhindern? • Worauf können wir stolz sein bzw. was haben wir gut gemacht?

8.2 Reflexion der persönlichen Konfliktfähigkeit

Die persönliche Konfliktfähigkeit ist eine wesentliche Voraussetzung für einen besseren Umgang mit konfliktträchtigen Situationen. Dazu ist es notwendig, über seine persönliche **Einstellung** zu Konflikten, seine typischen **Konfliktverhaltensmuster**, seine **Rolle** und seine **Stärken und Schwächen** im Umgang mit konfliktträchtigen Situationen nachzudenken.

Wie schätzen Sie sich selbst ein und wie werden Sie von Personen aus Ihrem Umfeld eingeschätzt: Bezeichnen Sie sich als eher konfliktscheu, eher streitlustig oder als konfliktfähig? Teilen andere Personen Ihre Selbsteinschätzung?

Die Konfliktfähigkeit jedes Einzelnen bildet ausserdem die **Grundlage für die Konfliktfähigkeit eines Teams** oder eines Unternehmens.

Nach Friedrich Glasl[1] ist eine Person konfliktfähig, wenn sie

- **Konfliktanzeichen** in ihr selbst und in ihrem Umfeld möglichst früh und klar erkennt,
- sich der **Mechanismen** bewusst ist, die bei der Eskalation eines Konflikts eine Rolle spielen und zur Verstrickung in einen Konflikt führen,
- es versteht, ihre Anliegen **zum Ausdruck zu bringen,** ohne die Situation zu verschärfen bzw. die Eskalation des Konflikts voranzutreiben,
- Wege kennt und Mittel anwendet, die zum **Klären von Standpunkten und Situationen** beitragen, und
- **ihre eigenen Grenzen** des Wissens und Könnens kennt und sich rechtzeitig an Hilfe von aussen wendet.

Wenn wir diese Definition genauer betrachten, lassen sich daraus klare Anforderungen an die persönliche Konfliktfähigkeit ableiten. Sie sind in Abb. 8-2 zusammengefasst.

Abb. [8-2]   Persönliche Konfliktfähigkeit

Realistische Wahrnehmung	• Selbst unter schwierigen Bedingungen die Konfliktursachen möglichst objektiv und realistisch betrachten • Sach- und Beziehungsebene auseinanderhalten • Sachproblem nicht aus den Augen verlieren • Wesentliches von Unwesentlichem unterscheiden
Selbstverantwortung	• Verantwortung für die eigenen Anteile am Konflikt tragen • Darum bemüht sein, die eigene Haltung zu ändern, anstatt das Gegenüber ändern zu wollen • Fairness zeigen, gerecht bleiben
Empathie (Einfühlungsvermögen)	• Menschliche Nähe zulassen • Sich dem Gegenüber wertschätzend zeigen • Sich in die Lage des Gegenübers versetzen können
Authentizität (Echtheit)	• Zu den eigenen Stärken und Schwächen stehen • Sich des eigenen Konfliktverhaltensstils bewusst sein • Eigene Wünsche und Bedürfnisse kommunizieren • Eigene Interessen vertreten
Optimismus	• Zukunftsgerichtet sein, an eine tragfähige Lösung glauben • Selbst in scheinbar auswegslosen Situationen die eigene Handlungsfähigkeit behalten bzw. wiedergewinnen • Mut zu Veränderungen zeigen

8.3 Konfliktkultur entwickeln

Beispiel

König Anoschirwan, den das ganze Volk auch «den Gerechten» nannte, wandelte einst zur Zeit, als der Prophet Mohammed geboren wurde, durch sein Reich. Auf einem sonnenbeschienenen Hang sah er einen ehrwürdigen alten Mann mit gekrümmtem Rücken arbeiten. Gefolgt von seinem Hofstaat trat der König näher und sah, dass der Alte kleine, ein Jahr alte Stecklinge pflanzte. «Was machst du da?», fragte der König. «Ich pflanze Nussbäume», antwortete der Greis. Der König wunderte sich: «Du bist schon alt. Wozu pflanzt du dann Stecklinge, deren Laub du nicht sehen, in deren Schatten du nicht ruhen und deren Früchte du nicht essen wirst?» Der Alte schaute auf und sagte: «Die vor uns kamen, haben gepflanzt, und wir konnten ernten. Wir pflanzen nun, damit die ernten können, die nach uns kommen.»
Khosraw Anoschirwan, Herrscher im Sassanidenreich, 529–578 n. Chr.

Die Konfliktkultur drückt aus, wie in Unternehmen in Konfliktfällen vorgegangen wird. Diese bewusst zu entwickeln und transparent zu machen, hilft den Beteiligten, Konfliktsituationen wirksam vorzubeugen. Zur Konfliktkultur gehört auch der bewusste Umgang mit Fehlern, also die **gelebte Fehlerkultur.**

---

[1]   Glasl, Friedrich: Selbsthilfe in Konflikten, Bern 2000.

Werden **Fehler als Grundlage für Lernfortschritte** akzeptiert, lässt sich dadurch das Konfliktpotenzial verringern. Im Unternehmen muss die Fehlerkultur genauso wie die Konfliktkultur bewusst entwickelt und gepflegt werden.

Manche Unternehmen veröffentlichen ihr Verständnis einer Fehler- und Konfliktkultur auch im **Unternehmensleitbild.**

8.3.1 Voraussetzungen und Ziele

Der Begriff «Kultur» im Zusammenhang mit Konflikten mutet vielleicht eigenartig an. Treffend steht er aber für das, was in vielen Fällen eine **Konflikteskalation verhindern** könnte: Was wir heute ernten, sind die Früchte des Denkens und Handelns von gestern. Oder anders formuliert: Die Konfliktkultur, die wir heute entwickeln, hilft uns bei der Bewältigung der Zukunft. Dazu gehört auch, zu akzeptieren, dass es **Konflikte immer geben wird** und dass zukünftige Konflikte durch **vorausschauendes Handeln** zwar nicht vermieden, jedoch eingedämmt werden können.

Wenn wir mit einer Konfliktsituation besser umzugehen wissen, verringern wir automatisch das Risiko, unnötige Konflikte heraufzubeschwören, uns in einen rechthaberischen Schlagabtausch zu verstricken und in eine nicht mehr steuerbare Konflikteskalation zu geraten. Stattdessen lernen wir, Techniken einer **systematischen Konfliktlösung** anzuwenden.

Aus Konfliktsituationen in Unternehmen lässt sich zudem Folgendes schliessen: Viele Konflikte liessen sich verhindern, wenn es klare **Verhaltensregeln für die Zusammenarbeit** gäbe und dadurch auch konfliktfördernde Taktiken Einzelner von vornherein unterbunden würden. Zu erkennen, dass in einem solchen Umfeld gegen mögliche Konfliktherde bewusst vorgegangen wird, erstickt die Chancen, sie weiter zu entfachen.

8.3.2 Entwicklungsprozess

Eine Konfliktkultur kann weder von oben verordnet noch durch bestimmte Systeme oder isolierte Konzepte festgelegt werden. Vielmehr muss sie als ein gemeinsamer und laufender Entwicklungsprozess verstanden werden. Sie muss sich in der Realität **immer wieder bewähren,** in der täglichen Zusammenarbeit im Team genauso wie bei Auseinandersetzungen, die sich teamübergreifend im Unternehmen abspielen.

Wie aber entwickelt man eine Konfliktkultur? Dies muss nicht im grossen Stil angegangen werden, im Gegenteil: **Regelmässige Teamsitzungen** «im Kleinen» sind oftmals wirksamer als einmalige, unternehmensweite Workshops. Schliesslich geht es dabei um grundsätzliche Verhaltensregeln, Umgangs- und Kommunikationsformen. Bisherige Muster überdenken und sie nötigenfalls verändern ist ein langwieriger Prozess. Dazu reicht eine einmalige, eintägige Veranstaltung nicht aus, sondern es braucht **verbindliche und wiederkehrende Diskussionsmöglichkeiten.**

Als Führungsperson tragen Sie mit Ihrem **Führungsstil** und Ihrem täglichen Führungsverhalten wesentlich dazu bei, dass sich eine solche Konfliktkultur in Ihrem Team entwickeln kann.

Abb. 8-3 fasst Ansatzpunkte zur Entwicklung einer Konfliktkultur zusammen.

Abb. [8-3] **Konfliktkultur entwickeln**

Analyse des aktuellen Teamklimas	• Herrscht Harmonie im Team? • Gibt es unterschwellige oder offene Konflikte? • Ist die Bereitschaft vorhanden, sich mit der Konfliktkultur im Team bzw. im Unternehmen zu befassen?
Analyse von Konfliktpotenzialen	**Konfliktzonen** • Konflikte im Team, mit anderen Bereichen, Abteilungen • Konflikte mit Kunden, Lieferanten, externen Partnern **Mögliche Befragungs- und Analyseinstrumente**[1] • Mitarbeiterbefragungen zum Betriebsklima, zur Identifikation usw. • Regelmässige Feedbackgespräche innerhalb des Teams sowie zwischen der Führungsperson und den Mitarbeitenden • Vorgesetztenbeurteilung • Systematische Analyse vorhandener Zahlenwerte und Befragungen, wie z. B. Fluktuations- und Abwesenheitsraten, Kündigungsgründe usw. • Beschwerde- oder Ombudsstellen einrichten • Vorausschauende Problemsammlung: Konfliktpotenziale im Umfeld und innerhalb des Teams identifizieren
Entwicklung von Modellen für den Umgang mit zukünftigen Konflikten	• Liste mit typischen Konflikten zusammenstellen • Frühwarnsystem für Konflikte entwickeln • Verhaltensregeln festlegen • Entscheidungs- und Handlungskompetenzen regeln • Krisenpläne entwickeln • Richtlinien für eine Nachbereitung von Konflikten entwerfen • Konfliktverhalten trainieren

[1] In Anlehnung an: Glasl, Friedrich: Selbsthilfe in Konflikten, Bern 2000, S. 32 f.

8.3.3 Grenzen der Konfliktkultur

Eine Konfliktkultur wird von allen daran Beteiligten aktiv gelebt. Sie stösst an Grenzen und verliert ihre Glaubwürdigkeit, wenn sie einzelne Menschen **nicht mittragen** oder **dagegen verstossen,** ohne dass diese dafür sanktioniert werden.

Menschen, die grundsätzlich vom Negativen ausgehen und streitsüchtig sind, halten wenig von einer Konfliktkultur. Meistens ist ein solches Verhalten über Jahrzehnte «gereift» und daher nicht mehr oder nur sehr schwierig zu verändern. Eine Führungskraft, die dagegen angehen will, stösst früher oder später auf erbitterten Widerstand. Die einzige Chance liegt darin, die **Konfliktkultur konsequent vorzuleben** und damit aufzuzeigen, dass im Team **neue Regeln** gelten: Kollegen anschwärzen, Sitzungen stören und schlechte Stimmung verbreiten wird nicht mehr toleriert.

Zusammenfassung

Zur erfolgreichen Konfliktbewältigung gehört das **Verarbeiten** des Konflikts. Dabei geht es darum, **Rückschau** zu halten und daraus **Erkenntnisse** für die Zukunft zu gewinnen. Ein Hauptziel ist die **Konfliktverhinderung.**

Als wichtigste Instrumente für die Konfliktverarbeitung gelten:

- **Reflexion des Konflikts:** Erkenntnisgewinn für alle Beteiligten durch eine nachträgliche Analyse des Konflikts, seiner Ursachen, seines Verlaufs und des Vorgehens bei der Konfliktbewältigung
- **Reflexion der eigenen Konfliktfähigkeit:** Erkenntnisgewinn durch die Auseinandersetzung mit den Anforderungen an die persönliche Konfliktfähigkeit (v. a. realistische Wahrnehmung, Selbstverantwortung, Empathie, Authentizität, Optimismus)
- **Entwicklung einer Konfliktkultur:** geplante, gemeinsam abgesprochener Umgang miteinander in Konfliktsituationen mit dem Ziel, unnötige Konflikte zu verhindern und schwierige Konflikte fair zu lösen

Repetitionsfragen

24 «Können wir im Team oder im Unternehmen auf Konflikte ganz verzichten, wenn wir eine Konfliktkultur entwickeln?» Beantworten Sie diese Frage in maximal drei Sätzen.

25 Drei Freunde, die alle eine Führungsposition bekleiden und sich schon lange kennen, tauschen sich über die persönliche Konfliktfähigkeit aus. Auf welche Anforderungen weisen sie in ihren Aussagen hin?

A] «Ich muss mich noch besser in die Sichtweise und Gefühle des Kontrahenten versetzen können, um wirklich konfliktfähig zu werden.»

B] «Mir scheint am wichtigsten, dass ich mich selbst bleibe. So werde ich mich wohl ein Leben lang schwertun, um des lieben Friedens willen nachzugeben.»

C] «Viele Führungskräfte täten gut daran, dieselben Ansprüche an die Konfliktfähigkeit an sich selbst zu stellen, die sie als selbstverständlich bei ihren Mitarbeitenden erachten!»

26 An einem Apéro Ihres Branchenverbands treffen Sie eine Kollegin, die eine obere Führungsposition bekleidet. Sie kommen auf die Konfliktkultur zu sprechen. Worauf Ihre Kollegin spontan entgegnet: «Bestimmt ist es interessant, an einer besseren Konfliktkultur zu arbeiten. Glücklicherweise brauchen wir das nicht. Wir haben in unserem Unternehmen keine solchen Schwierigkeiten.»

Formulieren Sie drei stichhaltige Argumente für eine bewusste Entwicklung der Konfliktkultur im Unternehmen.

Praxisaufgaben

1 Konfliktsituation verarbeiten

Verwenden Sie ein Konfliktbeispiel aus Ihrem Arbeitsumfeld, das Sie vielleicht vor Kurzem gelöst haben oder dessen Lösung Ihnen noch besonders gut in Erinnerung geblieben ist.

Beantworten Sie die folgenden Reflexionsfragen zu Ihrem Konfliktbeispiel:

- Wie kam es zum Konflikt (Ursachen, Auslöser)?
- Welche Entwicklungen haben den Konflikt zusätzlich verschärft?
- Wie hätten Sie (oder jemand anders) eine weitere Eskalation verhindern können?
- Was haben Sie persönlich aus diesem Konflikt gelernt?
- Was würden Sie in einer künftigen ähnlichen Konfliktsituation anders machen?
- Worauf achten Sie besonders, um einen solchen Konflikt in Zukunft besser oder konstruktiver zu lösen?

2 Konfliktkultur im Unternehmen

Nehmen Sie das Leitbild Ihres Unternehmens zur Hand. Wenn in Ihrem Unternehmen kein solches Leitbild vorhanden ist, haben Sie vielleicht Zugang zu einem Leitbild einer anderen Firma:

- Überprüfen Sie in diesem Leitbild, ob darin Ansätze zu einer Konfliktkultur vorhanden sind, und notieren Sie, welche Ansätze zum Ausdruck kommen.
- Ergänzen Sie die Ansätze, die Sie im Leitbild gefunden haben, mit Ihren eigenen Erfahrungen oder Ihrer Meinung zur Entwicklung einer Konfliktkultur im Unternehmen.

Teil C
Anhang

Antworten zu den Repetitionsfragen

1 Seite 23

(Kommentar)

Ihr Beispiel sollte folgenden Unterschied zwischen einem Konflikt und einem Widerstand aufzeigen:

- Ein Konflikt entsteht aufgrund von gegensätzlichen und unvereinbaren Elementen, die als ungerechtfertigte Einschränkung empfunden werden.
- Widerstand entsteht meist aus Informationsmangel oder aus Angst vor einer Veränderung oder einem Verlust. Wird er durch Überzeugungsarbeit, Miteinbeziehen der Bedürfnisse der Betroffenen oder eine Änderung im Vorhaben beseitigt, kann dies einen Konflikt verhindern.

2 Seite 23

A] **Nein.** Hier handelt es sich wohl um eine Panne. Der Abteilungsleiter hat irrtümlicherweise Manfred nicht in den Mailverteiler aufgenommen.

B] **Nein.** Myriams Versäumnis ist ein Einzelfall und deshalb eine Panne.

C] **Ja.** Benno stellt eine Störung mit grossem Konfliktpotenzial fest, wenn vermehrt nach Schuldigen gesucht wird, anstatt die Probleme zu lösen.

3 Seite 23

(Kommentar)

Ihr Beispiel sollte verdeutlichen, dass der Sinn von Konflikten darin liegt, Unterschiede aufzuzeigen, sie zu überwinden und damit eine Gruppeneinheit wiederherzustellen, Bestehendes aufrechtzuerhalten oder Veränderungen einzuleiten.

4 Seite 23

Die drei Merkmale eines sozialen Konflikts sind:

- Ein Austausch (Interaktion) findet zwischen Einzelpersonen, Gruppen oder Organisationen statt.
- Mindestens eine Partei empfindet eine starke Störung (Unvereinbarkeiten) in diesem Austausch.
- Diese Partei sieht die Störung als ungerechtfertigte Beeinträchtigung.

5 Seite 23

Konfliktarten:

A] Substitutionskonflikt, Normierungskonflikt

B] Herrschaftskonflikt, Normierungskonflikt

6 Seite 31

A] Beziehungsebene

B] Beziehungsebene

C] Sachebene

D] Beziehungsebene

7 Seite 31

A] **Kalter Konflikt.** Die Nachbarn reden nicht mehr miteinander und «delegieren» den Konflikt an die Anwälte.

B] **Kalter Konflikt.** Tamara ist desillusioniert und unternimmt nichts mehr, um den Konflikt zu lösen.

C] **Heisser Konflikt.** Sabine konfrontiert Noah direkt.

8 Seite 31

A] Eigene Absichten durchsetzen, drohen

B] Konflikt nicht wahrhaben, vermeiden, verdrängen

C] Nachgeben um des lieben Friedens willen

9 Seite 31	A]	Kompromiss aushandeln
	B]	Nachgeben um des lieben Friedens willen
	C]	Kompromiss aushandeln
	D]	Gemeinsame Problemlösung
	E]	Eigene Absichten durchsetzen
10 Seite 40	• **Win-win:** Die Beteiligten können sich vorstellen, dass beide Konfliktparteien als Sieger hervorgehen. Dieser Konflikt kann noch selbst gelöst werden oder man einigt sich auf eine Drittperson, die die Konfliktbewältigung begleitet.	
	• **Win-lose:** Für die Beteiligten steht fest, dass nur eine Partei gewinnen kann; sie streben deshalb den bedingungslosen Sieg an. Professionelle Hilfe in der Konfliktbewältigung ist hier nötig.	
	• **Lose-lose:** Es wird offensichtlich, dass niemand gewinnen kann. Daher wählen die Beteiligten die Strategie, der jeweils anderen Partei den grösseren Schaden zufügen zu können. Professionelle Hilfe ist hier unumgänglich.	
11 Seite 40	A]	Stufe 6: Drohstrategien
	B]	Stufe 2: Debatte
	C]	Stufe 4: Koalition
12 Seite 41	A]	Konflikteskalationsstufen bzw. -schwellen:
	• **Stufe 1** (Verhärtung): Nach der Mailnachricht stellt Sereina Mirko zur Rede. Er windet sich, um schliesslich das Gespräch abzubrechen.	
	• **Stufe 2** (Debatte): Sereina beklagt sich bei der Kollegin Nadine und bei ihren Freundinnen.	
	• **Stufe 3** (Taten statt Worte): Sereina und Mirko gehen sich gegenseitig aus dem Weg (Blockade), Sereina verweigert die Unterstützung im Projekt.	
	B] Der Konflikt befindet sich auf der **Stufe 3** (Taten statt Worte). Jedoch überlegt sich Sereina bereits, wie sie dem Projekt zusätzlich schaden könnte. Falls sie diese Gedanken realisiert, würde der Konflikt auf die nächste Stufe 4 gelangen.	
13 Seite 48	A]	Stufe 3: Rechtsbrüche durch Fehl- und Übergriffe
	B]	Stufe 2: Übergang zu Mobbing und Psychoterror
	C]	Stufe 1: ungelöster Konflikt
	D]	Nach Stufe 4: Ausschluss aus dem Arbeitsumfeld
14 Seite 49	Anzeichen eines Mobbingfalls:	
	• Respektloser und diskriminierender Umgang mit Nicole, der seitens des Vorgesetzten nicht sanktioniert wird.	
	• Auslöser ist ein nicht bewältigter Konfliktfall, der in Angriffe gegen Nicole mündet.	
	• Nicoles Vorstösse, um die Situation zu verbessern, werden negativ ausgelegt.	
	• Nicole wird immer mehr aus der Teamgemeinschaft ausgeschlossen.	
	• Nicoles Möglichkeiten, die Aufgaben zu erledigen, werden systematisch torpediert.	
	• Nicoles psychische und körperliche Gesundheit leiden.	
15 Seite 57	A]	Hintergründe des Konflikts verstehen
	B]	Konfliktparteien zusammenführen
	C]	Einsicht bei den Konfliktparteien zur Konfliktbewältigung erlangen

16 Seite 57	A]	Ursachen:
		• Unterschiedliche Meinung über Webauftritt.
		• Jan unterlag mit seinem Vorschlag, akzeptiert innerlich jedoch den Entscheid nicht.
		• Karin zeigte Freude (Schadenfreude?) über ihren «Sieg».
		• Claudio als Vorgesetzter war auf Karins Seite (Bevorzugung?).
		• Konflikt weitet sich aus: Kompetenzabgrenzung wird zum Thema, Dispute anstatt sachliche Diskussionen in Sitzungen.
	B]	Konfliktart: Aus einem Verteilungskonflikt entwickelt sich ein Abteilungskonflikt (Organisationskonflikt).
	C]	Eskalationsstufe 2: Argumentieren, Recht haben wollen, nicht bereit sein, den Standpunkt des anderen anzunehmen.
	D]	Mögliche Konfliktfolgen:
		• Zusammenarbeit wird behindert.
		• Keine effiziente Sitzungsführung mehr möglich.
		• Fehler können sich einschleichen oder werden bewusst provoziert, um einander zu schaden.
		• Mögliche Abgänge von Mitarbeitenden aufgrund des destruktiven Klimas.
		• Konflikt kann sich ausweiten bzw. auch nach aussen dringen (z. B. Kundenkontakt).
17 Seite 57		Wer sich nur auf die eigene Sichtweise beschränkt, bleibt darin verhaftet und vergibt sich damit die Chance, sich mit der Gegenseite objektiver zu befassen. Um einen Schritt weiterzukommen, braucht es drei Sichtweisen: die eigene (Ich), die Sicht der anderen Konfliktpartei (Du) und die Sicht eines neutralen Beobachters (Metaebene).
18 Seite 69		• Probleme und Personen voneinander trennen: Auf der Sachebene geht es darum, für alle tragbare Verhaltensregeln am Arbeitsplatz zu treffen. Auf der Beziehungsebene ist beispielsweise zu klären, inwieweit sich die Beteiligten am unterschiedlichen Verhalten stören oder ob allenfalls andere, zwischenmenschliche Konflikte der tatsächliche Grund sind.
		• Wichtig sind Interessen und nicht Positionen: Eine optimale Regelung für das Verhalten am Arbeitsplatz finden Sie nur, wenn Sie die Interessen hinter den Positionen erfassen und in Einklang bringen.
		• Der Brückenschlag basiert auf Wahlmöglichkeiten: Sie müssen nach Sowohl-als-auch-Lösungen suchen, die den Interessen aller Parteien Rechnung tragen.
		• Objektive Entscheidungskriterien beiziehen: Die gemeinsam entwickelten Verhaltensregeln am Arbeitsplatz lassen sich nur dann umsetzen, wenn sie auf möglichst realistischen, objektiven und gemeinsam entwickelten Kriterien beruhen.
19 Seite 69	A]	Keine Gesichtsverluste und harte Verhandlungen, ohne die Gegenpartei anzugreifen
	B]	Verantwortungsbereitschaft aller Parteien und Lösungsansätze von allen Parteien
	C]	Bereitschaft, sich in den Standpunkt der Gegenpartei einzufühlen
20 Seite 70	A]	Konfliktmoderator
	B]	Mediator (Prozessbegleitung)
	C]	Initiator
	D]	Schlichter
21 Seite 82	A]	Vereinbarungen treffen
	B]	Gesprächseinstieg
	C]	Gesprächsabschluss
	D]	Sichtweisen klären

22 Seite 82	A] Klare, verbindlich geltende Gesprächsregeln ermöglichen einen fairen, gleichberechtigten Austausch. Im Konfliktgespräch, das emotional belastend sein kann, sind solche Regeln besonders wichtig, an die sich alle Parteien gleichermassen halten müssen.
	B] Es sollen tragfähige und faire Lösungen entwickelt werden, die auf den Ausgleich der Interessen aller Parteien ausgerichtet sind.
	C] Eine wichtige Voraussetzung für einen fairen Meinungsaustausch und faire Lösungen ist die Unbeeinflussbarkeit der moderierenden Person. In der Rolle des neutralen Beobachters ergreift sie weder einseitig Partei noch lässt sie sich von einer Partei für deren Absichten einspannen.
23 Seite 83	A] Falsch. Ein Konflikt löst unweigerlich Emotionen aus. Diese müssen entsprechend Platz haben im Konfliktgespräch. Jedoch ist es wichtig, sich trotz der Emotionen wieder zu sammeln und das Gespräch in sachliche Bahnen zu lenken.
	B] Richtig. In der Regel ist es besser, das Gespräch an einem neutralen Ort zu führen, der gänzlich «unbelastet» ist und für keine Konfliktpartei einen Heimvorteil ergibt.
	C] Richtig. Ein kurzer Gesprächsunterbruch kann die überfordernde emotionale Dynamik beruhigen und den Konfliktparteien die Möglichkeit geben, sich wieder zu sammeln.
	D] Falsch. Die Konfliktlösung muss von allen Beteiligten akzeptiert werden, damit diese sie auch nach dem Gespräch als verbindlich wahrnehmen. Insofern ist es notwendig, bereits im Gespräch die Konfliktparteien zur Einhaltung der Vereinbarungen zu verpflichten.
24 Seite 89	Das Entwickeln einer Konfliktkultur soll helfen, unnötige Konflikte zu verhindern. Dadurch lassen sich jedoch nicht alle Konflikte von vornherein verhindern. Solche kommen in zwischenmenschlichen Beziehungen immer wieder vor, also auch in Ihrem Team und in Ihrem Unternehmen.
25 Seite 89	A] Empathie bzw. Einfühlungsvermögen
	B] Authentizität bzw. Echtheit
	C] Selbstverantwortung
26 Seite 89	Argumente, die für eine Entwicklung der Konfliktkultur sprechen:
	• Unnötige Konflikte können vermieden werden.
	• Schwierige Konflikte können fair gelöst werden.
	• Schnelleres Reagieren ist möglich, da gewisse Konfliktbewältigungsszenarien vorgängig abgemacht worden sind.

Stichwortverzeichnis

A
Abteilungskonflikte	19
Allparteilichkeit	79
Angriffe (Mobbinghandlungen)	43
Aufbau Konfliktgespräch	73

B
Beziehungsebene	24, 60
Bossing	42

D
Debatte (Eskalationsstufe)	36
Demaskierungen (Eskalationsstufe)	37
Drohstrategien (Eskalationsstufe)	38
Durchsetzen (Konfliktverhalten)	28

E
Eisberg (Sach- und Beziehungsebene)	24
Emotionen	25, 76
Eskalationsphasen Mobbing	45
Eskalationsstufen	35

F
Fehlerkultur	86

G
Gemeinsam in den Abgrund (Eskalationsstufe)	39
Gesprächsregeln	74
Gewaltfreie Kommunikation	62
Gruppenkonflikte	16

H
Harvard-Konzept	59
Heisse Konflikte	26
Helicopter View	54
Herrschaftskonflikte	19

I
Initiator (Moderationsrolle)	65
Integrationskonflikte	17
Interessenausgleich	62

K
Kalte Konflikte	26
Koalition	16
Koalition (Eskalationsstufe)	37
Kompromiss (Konfliktverhalten)	29
Konfliktanalyse	53, 72
Konfliktanalyseraster	55
Konfliktanzeichen	12
Konfliktarten	13
Konflikte austragen	24
Konflikteskalation	34
Konfliktfähigkeit	85
Konfliktgespräch	71
Konfliktklima	25
Konfliktkultur	80, 86
Konfliktkultur im Unternehmen	89
Konfliktmanagement (Voraussetzungen)	59
Konfliktmerkmale	9
Konfliktmoderation	78
Konfliktmoderator	66
Konfliktpotenzial im Team	23
Konfliktpotenziale	12
Konfliktsituation verarbeiten	89
Konfliktstil	27
Konfliktstrategien	27
Konfliktverarbeitung	84
Konstruktive Grundhaltung	79

L
Leitfaden Konfliktgespräch	78
Lose-lose	34, 65
Lösungsfindung (Konfliktgespräch)	76
Loyalitätskonflikte	16

M
Macht	62
Machtinstanz	68
Metaebene	54
Mobbing	42
Mobbinghandlungen	43
Moderationsrollen	64

N
Nachgeben (Konfliktverhalten)	28

O
Organisationskonflikte	19
Organisatorischer Rahmen Konfliktgespräch	73

P
Panne	10
Phasen Konflikteskalation	34
Positionen	60
Präventionsmassnahmen gegen Mobbing	47
Praxisaufgabe	
– Analyse einer aktuellen Konfliktsituation	58
– Konfliktgespräch vorbereiten	83
– Konfliktkultur im Unternehmen	89
– Konfliktmoderation bestimmen	70
– Konfliktpotenzial im Team	23
– Konfliktsituation verarbeiten	89
– Mein Konfliktstil	32
Problemlösung (Konfliktverhalten)	30
Prozessbegleitung (Moderationsrolle)	67

R
Rangkonflikte	17
Reflexion	77, 85
Rollenkonflikte	18

S
Sachebene	24, 60
Schlichter	68
Selbstklärung (Konfliktgespräch)	72
Sichtweisen einbeziehen	53
Sinn von Konflikten	20

Bildungsmedien für jeden Anspruch
compendio.ch/mlsvf

compendio Bildungsmedien

Management / Leadership für Führungsfachleute

Das Ende dieses Buchs ist vielleicht der Anfang vom nächsten. Denn dieses Lehrmittel ist eines von über 250 im Verlagsprogramm von Compendio Bildungsmedien. Darunter finden Sie zahlreiche Titel zu den Themen Management und Leadership. Zum Beispiel:

Betriebswirtschaft I und II
Personalmanagement
Konfliktmanagement
Selbstkenntnis
Prozessmanagement

Management und Leadership bei Compendio heisst: übersichtlicher Aufbau und lernfreundliche Sprache, Repetitionsfragen mit Antworten, Beispiele, Zusammenfassungen und je nach Buch auch Praxisaufgaben.

Eine detaillierte Beschreibung der einzelnen Lehrmittel mit Inhaltsverzeichnis, Preis und bibliografischen Angaben finden Sie auf unserer Website: compendio.ch/mlsvf

Nützliches Zusatzmaterial

Von unserer Website herunterladen:
Professionell aufbereitete Folien

Für den Unterricht, die firmeninterne Schulung oder die Präsentation – auf unserer Website können Sie professionell aufbereitete Folien mit den wichtigsten Grafiken und Illustrationen aus den Büchern herunterladen.
Bitte respektieren Sie die Rechte des Urhebers, indem Sie Compendio als Quelle nennen.

Immer und überall einsetzen:
E-Books

E-Books bieten maximalen Lesekomfort, Geräteunabhängigkeit und die Möglichkeit, Notizen und Markierungen einzufügen. Die E-Version des Lehrmittels lässt sich einfach auf dem Tablet mitnehmen und erlaubt, die Inhalte flexibel zu erarbeiten, zu vertiefen und zu repetieren.

Alle Lehrmittel können Sie via Internet sowie per Post, E-Mail, Fax oder Telefon direkt bei uns bestellen:
Compendio Bildungsmedien AG, Neunbrunnenstrasse 50, 8050 Zürich
Telefon +41 (0)44 368 21 11, Telefax +41 (0)44 368 21 70, E-Mail: bestellungen@compendio.ch, www.compendio.ch

Bildungsmedien für jeden Anspruch
compendio.ch/verlagsdienstleistungen

Bildungsmedien nach Mass
Kapitel für Kapitel zum massgeschneiderten Lehrmittel

Was der Schneider für die Kleider, das tun wir für Ihr Lehrmittel. Wir passen es auf Ihre Bedürfnisse an. Denn alle Kapitel aus unseren Lehrmitteln können Sie auch zu einem individuellen Bildungsmedium nach Mass kombinieren. Selbst über Themen- und Fächergrenzen hinweg. Bildungsmedien nach Mass enthalten genau das, was Sie für Ihren Unterricht, das Coaching oder die betriebsinterne Schulungsmassnahme brauchen. Ob als Zusammenzug ausgewählter Kapitel oder in geänderter Reihenfolge; ob ergänzt mit Kapiteln aus anderen Compendio-Lehrmitteln oder mit personalisiertem Cover und individuell verfasstem Klappentext, ein massgeschneidertes Lehrmittel kann ganz unterschiedliche Ausprägungsformen haben. Und bezahlbar ist es auch.

Kurz und bündig:
Was spricht für ein massgeschneidertes Lehrmittel von Compendio?

- Sie wählen einen Bildungspartner mit langjähriger Erfahrung in der Erstellung von Bildungsmedien
- Sie entwickeln Ihr Lehrmittel passgenau auf Ihre Bildungsveranstaltung hin
- Sie können den Umschlag im Erscheinungsbild Ihrer Schule oder Ihres Unternehmens drucken lassen
- Sie bestimmen die Form Ihres Bildungsmediums (Ordner, broschiertes Buch oder Ringheftung)
- Sie gehen kein Risiko ein: Erst durch die Erteilung des «Gut zum Druck» verpflichten Sie sich

Auf der Website www.bildungsmedien-nach-mass.ch finden Sie ergänzende Informationen. Dort haben Sie auch die Möglichkeit, die gewünschten Kapitel für Ihr Bildungsmedium direkt auszuwählen, zusammenzustellen und eine unverbindliche Offerte anzufordern. Gerne können Sie uns aber auch ein E-Mail mit Ihrer Anfrage senden. Wir werden uns so schnell wie möglich mit Ihnen in Verbindung setzen.

Modulare Dienstleistungen
Von Rohtext, Skizzen und genialen Ideen zu professionellen Lehrmitteln

Sie haben eigenes Material, das Sie gerne didaktisch aufbereiten möchten? Unsere Spezialisten unterstützen Sie mit viel Freude und Engagement bei sämtlichen Schritten bis zur Gestaltung Ihrer gedruckten Schulungsunterlagen und E-Materialien. Selbst die umfassende Entwicklung von ganzen Lernarrangements ist möglich. Sie bestimmen, welche modularen Dienstleistungen Sie beanspruchen möchten, wir setzen Ihre Vorstellungen in professionelle Lehrmittel um.

Mit den folgenden Leistungen können wir Sie unterstützen:

- Konzept und Entwicklung
- Redaktion und Fachlektorat
- Korrektorat und Übersetzung
- Grafik, Satz, Layout und Produktion

Der direkte Weg zu Ihrem Bildungsprojekt: Sie möchten mehr über unsere Verlagsdienstleistungen erfahren? Gerne erläutern wir Ihnen in einem persönlichen Gespräch die Möglichkeiten. Wir freuen uns über Ihre Kontaktnahme.

Compendio Bildungsmedien AG, Neunbrunnenstrasse 50, 8050 Zürich
Telefon +41 (0)44 368 21 11, Telefax +41 (0)44 368 21 70, E-Mail: postfach@compendio.ch, www.compendio.ch